신과 함께

죄와 벌

"당신 아직 죄인 아닙니다!
고개 드세요. 김자홍 씨"

2,600만
관객 돌파
오리지널 각본
김용화 각본
롯데컬처웍스㈜ 제작

놀

'영화는 위로가 돼야 한다'는 것이 어려서부터 영화에 대해 가진 생각이다. 영화를 통해 위로받으면서 청소년기를 무사히 보냈던 경험이 영화 인생 전체에 깔려 있다. 이 전제하에 재미있게 위로하는 영화를 만들어서 관객에게 드리고 싶다. 그리고 영화 〈신과함께〉 시리즈는 이런 생각이 잘 구현된 영화이다.

〈신과함께〉는 나에게 '인'과 '연'으로 다가온 작품이다. 처음에 리얼라이즈픽처스 원동연 대표가 원작을 영화화하자고 제안했을 때, 워낙 방대하기도 하고, 욕심껏 만들 수 없을 것 같았다. 하지만 두 번째로 제안해주었을 때 삼차사의 전생 이야기가 다시 보였고, 이 이야기를 풀어내고 구현할 수 있겠다 싶어 결국 연출을 수락했다.

이 영화는 시작부터 걱정과 우려를 안고 시작됐다. 원작보다 나은 영화여야 했고, 성공한 한국형 판타지여야 했고, 성공한 한국형 시리즈 영화여야 했다. 하지만 이런 이야기를 실현시키기 위해 영화를 만들었다면 〈신과함께〉가 대중에게 큰 사랑을 받기 어려웠을 것이다.
〈신과함께〉를 본 관객 중에는 시각적으로 화려한 영화로 기억하고, CG 기술에 대한 언급을 주로 하는 분도 있었다. 하지만 〈신과함께〉는 치밀한 서사로 구성돼 있다.
서사의 큰 줄기는, 영화를 본 분은 이미 알아차렸겠지만, '용서'와 '구원'이다. 원작을 처음 봤을 때부터 헤어나올 수 없었던 두 단어이다. 우리가 살면서 할 수 있는 가장 고귀하고 어려운 일이라고 생각하는 두 가지가 영화를 통해 관객의 마음을 울리길 원했다.
그래서 〈신과함께〉 각본 작업을 할 때 관객이 2부의 이야기를 잘 받아들일 수

있도록 1부에서는 〈신과함께〉의 캐릭터와 세계관을 충실하게 표현하려고 노력했다. 2부를 위해 1부를 만들었다고 생각해도 무방하다.

그래서 「죄와벌」, 「인과연」 두 편의 각본을 집필할 때 가장 집중한 것은 구조를 잘 만드는 일이었다. 묘사는 단순하게 하되, 서사와 구조는 치밀하게 엮어내겠다는 목표에 맞춰 수정에 수정을 거듭했고, 마침내 설득력 있는 구조를 만들어내는 데 성공했다. 최종 각본이 나온 후 감독인 나도, 같이 준비하던 스태프도 이 서사 구조에 강한 자신감이 생겼고 그렇기에 동시에 두 편을 촬영하는 겁 없는 시도도 할 수 있었다.

이런 스토리를 관객 및 독자와 공유하고 싶고, 각본집을 통해 영화 〈신과함께〉를 재해석 하고, 또 다른 시각으로 보는 기회가 되었으면 한다.

이 각본을 영화로 만들어준 모든 스태프와 블루스크린 앞에서 허공을 보고도 완벽에 가까운 연기를 해준 배우 모두가 텍스트를 영상으로 구현해주었다. 든든하고 감사하다. 앞으로의 〈신과함께〉가 기대되는 이유는 이들에게 있다.

김용화

차례

나태지옥

초강대왕이 재판하는 지옥으로, 생전에 게으르고 무위도식하며 태만하게 살아 삶을 허비한 자를 심판한다. '삼도천'에는 망자의 눈빛을 좇아오는 사람 얼굴에 날카로운 이빨을 가진 인면어가 들끓는데, 이 '삼도천'을 건너야 나태지옥에 도착할 수 있다.

재판에서 유죄가 확정되면 멈추지 않고 회전하는 봉을 피해 죽도록 달려야 하는 형벌을 받게 된다.

불의지옥

오관대왕이 재판하는 지옥으로, 정의롭지 못한 자를 심판하는 지옥이다. 눈과 얼음으로 둘러싸인 '한빙협곡'을 지나야 도착할 수 있다. 재판에서 유죄가 확정되면 얼음 블록에 얼려져 정해진 형량만큼 얼음 안에 갇혀 있어야 하며, 옴짝달싹 못 하는 상태로 추위에 시달리는 고통을 얼음협곡 안에서 버텨야 한다.

폭력지옥

진광대왕이 재판하는 지옥으로, 생전에 저지른 죄에 따라 그 깊이가 정해지는 싱크홀인 '진공심혈' 속으로 뛰어들어야 도달할 수 있다. 폭력 중에 가혹하고, 지속적이고, 일방적으로 행한 폭력을 처벌한다.

재판에서 유죄가 확정되면 무중력인 싱크홀 안을 떠돌며, 휘몰아치는 큰 돌덩이를 끊임없이 맞는 형벌을 받게 된다.

살인지옥

변성대왕이 재판하는 지옥으로, 살인했거나 사람이 죽는 원인을 제공하는 모든 행동에 대해 심판을 받는다. '화탕영도'라는 불, 용암, 뜨거운 연기가 가득한 곳을 지나야 도착할 수 있다. 재판에서 유죄가 확정되면, 불과 용암 속에 던져지는 '화탕형'을 받게 된다. 이 뜨거움을 견디며 형량을 채워야 한다.

배신지옥

송제대왕이 재판하는 지옥으로, 믿음을 저버린 사람을 심판한다. 그러나 만약 공익에 도움이 되거나, 정의를 위한 배신이라면 용서받기도 하는 지옥이다. 거울같이 투명하고 차가운 '백염광야'를 지나야 도착할 수 있다.
재판에서 유죄가 확정되면, 거울 속에 가두고 거울을 깨버리는데 거울이 깨짐과 동시에 망자도 깨져버린다. 이미 저승이라 죽지도 못하고 조각난 신체가 절단된 고통을 형량을 채울 때까지 느껴야 한다.

거짓지옥

태산대왕이 재판하는 지옥으로, 나뭇잎이 칼날인 나무가 가득한 '검수림'을 지나야 도착할 수 있다. 망자이기 때문에 검수림에서 칼날에 베여도 죽지는 않지만, 베이는 고통은 그대로 느끼게 된다.
재판에서 유죄가 확정되면 망자의 혓바닥을 뽑는 형벌을 받는다.

천륜지옥

저승을 다스리는 염라대왕이 재판하는 지옥으로, 부모와 자식 간에 일어난 죄를 심판한다. 모래와 군데군데 모래 늪이 있는 '천고사막'을 지나면 도착할 수 있다.
재판에서 유죄가 확정되면 천고사막에 생매장을 당해 형량만큼 모래 속에 묻혀 있어야 한다.

🌀 강림 (30대 중반, 남)

저승 삼차사 중 대장. 염라대왕이 천 년 동안 49명의 망자를 환생시키면 삼차사 모두 환생시켜 준다고 약속했고, 48번째 귀인인 김자홍을 환생시키기 위해 이승과 저승을 오가며 종횡무진 문제를 해결한다. 저승에 오기 전 기억이 없는 해원맥, 덕춘과 달리 죽기 전 기억을 모두 갖고 있다.

🌀 해원맥 (30대 초반, 남)

저승 삼차사 중 망자의 경호를 맡고 있다. 머리보다 몸이 앞서지만, 강림에 대한 충성심만큼은 그 누구에게도 뒤지지 않는다. 환생할 때 재벌 2세로 환생하겠다는 꿈을 갖고 귀인 경호에 오늘도 최선을 다한다.

🌀 덕춘 (19세, 여)

저승 삼차사 중 막내이다. 긍정적인 성격으로 해맑은 미소가 특성이다. 망자의 기소내용을 읽어내는 역할을 맡았다. 얌전해 보이지만, 결정적일 때 소신을 굽히지 않는 캐릭터로, 귀인 삼차사 중 김자홍에게 가장 따뜻하게 대해준다.

🌀 김자홍 (30대 후반, 남)

화재 장소에서 어린아이를 구한 대신 사망한 귀인으로 저승 삼차사의 48번째 귀인이다. 환생보다는 어머니와 만나길 희망하며, 결국 현몽으로라도 어머니를 만나기 위해 저승 삼차사에게 적극 협조한다. 하지만 일곱 지옥을 모두 통과하기 쉽지 않은 사건이 자꾸 벌어진다.

☁ 김수홍 (20대 중후반, 남)

귀인 김자홍의 동생. 대법관을 꿈꾸는 고시생이자 현재는 병장 제대를 앞두고 있다. 관심사병을 자진해서 돌볼 만큼 긍정적이고 휴머니스트이다. 환생을 위해 일곱 지옥을 지나는 형을 위험에 빠뜨리는 사건의 장본인이 된다.

☁ 자홍 모 (60대 중반, 여)

김자홍, 김수홍의 어머니. 태어날 때부터 농아였던지라 두 아들에게 목소리도 들려주지 못했다. 가난한 과거 때문에 아들들에게 항상 미안한 엄마이다. 소방관이었던 큰아들 자홍이 사고로 죽은 이후 감당할 수 없을 큰일이 쓰나미처럼 몰려든다.

☁ 염라대왕 (50대 중반, 남)

저승 삼차사에게 환생을 약속한 저승 최고의 대왕. 일곱 지옥 마지막인 천륜 지옥에서 망자의 환생을 판결한다. 강림에게 엄하지만, 염라의 진짜 속마음은 알 수가 없다.

용어 설명

TITLE BACK
영화의 시작이나 끝부분에서 자막이 나오는 동안 자막 뒤에 나오는 배경화면
또는 그림이나 시각적 이미지

TITLE SCENE
영화의 전반적인 정보를 알려주는 장면

EXT (exterior)
실외

INT (interior)
실내

OFF (off screen sound)
화면 안에 소리를 내고 있는 주체가 보이지 않은 채 들리는 소리

V.O. (voice over)
1. 화면 속 현실적인 소리와는 상관없이 관객의 이해를 돕기 위해 주관적으로 설명하고자 첨가하는 소리
2. 영화 화면에는 나타나지 않지만, 그 화면을 설명해주는 사람의 음성

CUT TO

한 화면에서 다른 화면으로 전환되는 것

SMASH CUT TO: (An abrupt cut from one scene to another without a transition.)

역동적 화면 변화. 갑자기 뚜렷하게 한 화면에서 다른 화면으로 전환되는 것

FLASH BACK

회상 장면

INTER CUT TO

영화 화면 사이에 다른 화면을 삽입하는 것

INSERT TO

시각적 세부를 담은 화면으로 정보를 전달하거나 극적인 강조를 하기 위한 목적으로 씬 도중에 삽입하는 것

DISSOLVE TO

한 화면이 사라지는 동시에 다른 화면이 떠오르는 화면 전환

일러두기

1. 책의 편집은 김용화 감독의 영화 각본 원칙을 성실하게 따랐습니다.
2. 대사는 글말이 아닌 입말인 점을 감안하여 한글 맞춤법과 다른 부분이라 해도 그 표현을 살렸습니다.
3. 이 책은 김용화 감독의 오리지널 각본을 바탕으로 하며, 각 부는 독자의 이해를 돕기 위해 차후 구분한 것입니다.

죽음

1. TITLE BACK

검은색 무지의 화면에 글자가 뜬다.

"사람이 죽어 망자(亡者)가 되면 저승에서 사십구
일에 걸쳐 일곱 번의 재판을 받게 된다. 저승의 일
곱 시왕은 거짓, 나태, 불의, 배신, 폭력, 살인, 천
륜을 심판하며, 모든 재판을 통과한 망자만이 다음
생으로 환생한다." _ 불설수생경(佛說壽生經)

2. TITLE SCENE

민화풍의 저승 설명 그림들이 차례로 등장한다.
초강대왕과 나태지옥 형벌장
오관대왕과 불의지옥 형벌장

진광대왕과 폭력지옥 형벌장
변성대왕과 살인지옥 형벌장
송제대왕과 배신지옥 형벌장
태산대왕과 거짓지옥 형벌장
염라대왕과 천륜지옥 형벌장

END OF TITLE:

3. EXT. 도심 빌딩 화재현장. 낮

카메라가 구름을 뚫고 하강하면, 도심 속 거대 빌딩의 화재현장이
보인다.
누군가의 시점 같은 카메라가 화재가 발생한 고층 빌딩을 스치듯
내려올 무렵, 어린 소녀를 안은 채 건물의 유리창을 박살 내며 화면
위쪽으로 튀어나오는 소방관 차림인 김자홍의 위급한 모습.
설상가상, 자홍의 몸을 구명줄처럼 감고 있던 완강기 줄에 불이 붙
어 맥없이 끊어지며 그들을 까마득한 지상으로 추락시킨다. 다급해
진 사다리차 위의 구조 요원들이 추락하는 자홍과 소녀를 필사적으
로 잡아보려 하지만 여의치 않다.

사다리차 소방관 잡아! 잡아! 애부터 먼저 보내! 잡아! 잡아! 조금

만 더 뻗어 봐! 빨리! 어! 저거 위에 불! 잡아! 안 돼!

하염없이 추락하던 김자홍과 품 안의 소녀가 지상 위에 설치된 거대한 구명 매트리스에 안착할 무렵 갑자기 화면 안으로 들어오는 크레인 사다리가 자홍의 몸을 튕겨내 버린다.

어처구니없게 사다리 크레인에 부딪힌 자홍의 몸이 구명 매트리스를 비켜 콘크리트 바닥 쪽으로 팽개쳐진다. 그런 마지막 순간까지도 어린 소녀를 꼭 안고 있는 자홍의 투철한 소방관 정신이 경이롭다.

자홍의 몸이 땅바닥에 부딪히는 순간, 함께 하강하던 카메라가 급격히 속도를 바꿔 누워 있는 그의 눈동자 속으로 빨려들 듯 이동한다.

SMASH CUT TO:

4. INT/EXT. 자홍의 의식 몽타주(플래시 백). 낮/밤

어린 시절의 자홍이 동생 수홍(10대 초반, 남)과 함께 누룽지를 먹고 있다. 그 모습을 보며 미소 짓는 어머니(50대 초반, 여)의 모습.

SMASH CUT TO:

화분에 물을 주고 있는 자홍의 손.

SMASH CUT TO:

병상에 누워 있는 어머니와 그 옆에서 잠든 어린 시절의 수홍.

SMASH CUT TO:

호흡기를 달고 있는 어머니의 모습.

SMASH CUT TO:

책상에 엎어져 잠든 자홍의 모습.

SMASH CUT TO:

소방차를 세차하고 있는 자홍.

SMASH CUT TO:

마당에서 함께 나물을 다듬고 있는 어머니와 수홍의 모습. 어머니는 편지를 읽고 있다.

SMASH CUT TO:

편지를 읽으며 환하게 웃는 어머니.

SMASH CUT TO:

집에서 뛰쳐나와 골목을 달리는 어린 자홍의 모습.

SMASH CUT TO:

시장에서 나물을 팔고 있는 수홍과 어머니의 모습.

SMASH CUT TO:

수화로 어머니와 대화하는 수홍.

SMASH CUT TO:

편지를 쓰고 있는 자홍의 손.

SMASH CUT TO:

5. INT. 화재현장 빌딩 안(플래시 백). 낮

화재현장 빌딩 안, 소녀를 안고 복도로 뛰어가 유리창을 깨 버리며
밖으로 떨어지는 자홍의 모습에서,

SMASH CUT TO:

6. EXT. 도심 빌딩 화재현장. 낮

자홍의 눈동자를 통해 그의 머릿속 화면을 훑고 나오면, 거친 숨을
몰아쉬며 정신을 차린다.

자홍   헉! 아… 아, 살았다… 살았다… 아유, 괜찮아. 괜찮아.
어린 소녀 엄마!

품 안에 안고 있던 어린 소녀가 자홍을 뿌리치고 애타게 기다리고
있던 부모 품에 달려가 안긴다.
그 모습을 보며 안심한 듯 미소 지으며 일어나는 자홍, 자신의 안위
보다 어린 소녀가 걱정인지 해후하고 있는 그들에게 걸어간다.

자홍   아유, 아유! 죽을 뻔했네! 어유, 진짜 큰일 날 뻔했어. 아

우리 꼬마 아가씨, 이름이 뭐예요?

덕춘   (off) 김자홍!

뭔가 이상하지만 웃어넘기는 자홍.

자홍   아니 그건 아저씨 이름이고… 아저씨 이름이고. 아저씨
           이름은 또 어떻게 알았어, 이 와중에…?

소녀와 부모는 아무 반응 없이 다른 소방대원의 안내를 받으며 가
버린다.

자홍   이름이 뭐야? 어? 이름… 이름이…
덕춘   (off) 김자홍! 김자홍!

자홍의 이름을 세 번 부르는 소리에 맞춰 자홍의 주변 풍경이 희미
하게 변하기 시작한다. 섬뜩한 느낌이 들었는지 서서히 자신을 부
른 쪽으로 고개를 돌려 보는 자홍의 시야에 특이한 정장 차림의 두
사람이 보인다. 젊은 남성과 어린 여성이 불길 밑에서 자신을 보며
활짝 웃고 있다. 깜짝 놀라는 자홍.

자홍   아이고 아저씨! 아유 나와요, 나와 거기 있으면 위험해
           요! 거기가 어디라고!

위험하다고 손짓을 하며 그들에게 다가가던 자홍은 무언가를 보고
멈춰 선다. 시선을 돌려 보니 동료 소방관들이 쓰러져 있는 누군가
에게 심폐소생술을 하고 있다. 이상한 느낌이 드는 자홍.

소방관1　아이고, 자홍이 형!

소방관2　자홍아, 눈 떠!

소방관3　빨리 들것 가져와, 새끼야! 빨리!

두 사람이 자홍에게 다가오며 입을 연다.

해원맥　김자홍 씨! 이야. 응? 아니 어떻게 저기서 그냥 뛰어내릴
　　　　생각을 다 했어, 죽으려고? 겁도 없이?! 어?

덕춘, 들고 있는 적패지를 보며 자홍에게 다가온다.

덕춘　이렇게 높은 곳에서 다른 사람하고 떨어져서 장렬하게
　　　　운명… (적패지를 보니 선명하게 '귀인'이라고 쓰여 있다) 흐
　　　　이익! 귀인… ! 장렬하게 운명하신 거… 422년 만이에
　　　　요. 감동입니다, 김자홍 씨!

해원맥　(적패지를 가져간다) 1593년 논개 이모 다음으로, 그지? 귀
　　　　인이야?
　　　　(적패지 확인 후 자홍을 보며) 허?

덕춘　　김자홍 씨께서는 2017년 4월 28일 오늘! 예정대로 무사
　　　　히 사망하셨습니다! 저희는! 저승에선 피고이자 망자이
　　　　신 김자홍 씨에게 앞으로 사십구 일 동안 진행될 일곱 재
　　　　판의 변호와 경호를 맡은 저승 삼차사입니다!

당황한 자홍은 계속 심폐소생술을 받는 부상자를 응시한다. 그런데
소방관들 틈으로 보이는 그 부상자는 바로 자기 자신이다.

해원맥　　난 재판 몰라요. 경호담당! 일직차사 해원맥…
덕춘　　보조 변호사, 월직차사, 덕춘 인사 올리겠습니다! 잘 부
　　　　탁드리겠습니다! 영광입니다, 김자홍 씨!

자홍, 들리지 않는지 넋이 나간 표정으로 자신의 시체를 바라보며
뒷걸음질 친다.

해원맥　　자, 삼차산데 왜 두 명이야, 그치? 아주 자연스러운 질문
　　　　이야… 다른 한 분은 지금 아저씨 장례식장에 있어. 기본
　　　　절차긴 한데… 내가 봤을 땐 제삿밥 먹으러 가는 것 같
　　　　아. 이상한 취향이야. 그치, 아저씨?
　　　　(대답이 없자 자홍을 돌아보며) 김자홍 씨? 아저씨 뭐해?
　　　　(넋이 나간 자홍을 보고 달랜다) 어, 어, 괜찮아. 괜찮아. 아저
　　　　씨 오늘 처음 죽어봐서 그래. 그래서 막 낯설고, 서툴고
　　　　뭐 그런 거야.

다급하게 고개를 저으며 부정하는 자홍.

자홍   아, 아뇨. 전 아직 죽으면 안 됩니다. 어머니를… 어머니
를 두고는 못 갑니다!

해원맥   쓰읍! 저승차사법 제 3조 1항! 망자는 구천을 떠돌 자격
이 없으며! 누군가와 작별할 시간은 더더욱 없고! 묵비
권을 행사할… 사용할수록 더 불리해진다는 것을…

그때 자홍의 몸이 서서히 떠오르기 시작한다.

해원맥   귀인은 귀인인갑다? 매뉴얼대로 움직여주네. 그래요, 계
속 뒤로 가! 쭈욱! 쭈욱! 쭉!

떠오르고 있는 자홍의 뒤로 차원문 하나가 열려 자홍을 서서히 빨
아들인다.

자홍   어머니를! 그럼 어머니를 한 번만 보고 갈게요, 네? 제가
할 말이 있어서 그래요, 어머니께!

덕춘   (감탄한 듯) 저 효심은 또 어쩔 거야.

일렁이는 차원문으로 맥없이 빨려 들어가는 자홍의 모습.

자홍   제발요, 부탁드립니다!

어머니⋯ ! 어머니를 한 번만요!

어머니를⋯ 어머니!

CUT TO:

7. INT. 장례식장 조문객실. 밤

휑한 조문객 실에 슈트 차림으로 앉아 육개장을 먹고 있는 강림, 맛이 없는지 먹던 육개장을 뱉어 버린다.

강림   하아, 나도 이건 못 먹겠다.

입을 닦고 일어나는 강림.

CUT TO:

8. INT. 장례식장 분향소. 밤

자홍의 영정사진을 배경으로 마주 앉아 있는 어머니의 눈에 눈물이

고여 있다. 뒤에서 그 모습을 지켜보는 강림, 주위를 둘러보는데 아무도 없는 소방관의 죽음에 고개를 갸웃한다.

안내 방송 3호실 김자홍 씨 입관 진행합니다. 다시 한번 말씀드립니다. 3호실 김자홍 씨 입관 진행합니다.

입관 소식과 동시에 자리를 이동하는 강림, 인기척에 다시 장례식장 안을 바라본다. 어머니에게 수화하는 수홍의 모습.

수홍   엄마. 정신 차려 봐, 엄마. 입관한대. 가자. 엄마, 가자고! 에휴…

수홍의 수화에 아무 반응이 없는 어머니, 그렁그렁한 눈망울로 자홍의 영정사진만을 바라본다. 그런 어머니의 뒷모습을 바라보는 강림의 얼굴에서,

CUT TO:

9. EXT. 초군문 망자의 길. 낮

엄청난 스케일의 원형 경기장처럼 설계된 초군문 외벽에 전체를 조

망하듯 거대한 석상들이 망자들을 내려다보고 있다.

CUT TO:

이승의 직업을 상징하듯 각양각색의 직업복 차림의 수많은 망자와
그들을 보호하는 담당 차사들까지, 흡사 초군문은 혼잡한 출근길
지하철역처럼 느껴진다.

CUT TO:

비좁은 인파들 사이를 뚫고 거침없이 나아가는 차사들과 자홍. 덕
춘, 부러운 시선으로 자신들을 바라보는 인파들에게 자랑하듯 적패
지를 펄럭인다.

덕춘   19년 만의 귀인 납셔요. 길을 비켜라.

이승의 소방관 복장 그대로 힘없이 차사들을 따라가는 자홍. 해원
맥, 멀리 초군문 외벽에 거대하게 서 있는 석상 하나에 장난스러운
경례를 붙인다.

해원맥   충성! 어, 염라! 저분이 염라대왕! 천륜지옥 주심 재판장
           이자 대왕 중의 대왕!

저 앞에서 강림이 서서 기다리고 있다.

해원맥 그리고 저분이 아까 소개를 못 해 드린 강림 차사님! 우
리 삼차사의 리더이자 영도자! 천 년 동안, 마흔일곱 명
이나 환생시키신 어마무시한 분이십니다.

자홍을 기다리고 있던 강림이 자홍에게 악수를 청한다.

강림 귀인 김자홍 씨, 반갑습니다.
자홍 전 귀인이 아닙니다.

시큰둥하게 그대로 지나쳐 버리는 자홍. 멋쩍게 웃는 강림.

10. EXT. 초군문 심사대. 낮

그 사이 초군문을 지키는 귀왕대 앞까지 걸어온 일행들. 먼저 와서
대기하고 있던 덕춘이 그들을 미소 지으며 맞이한다.

해원맥 자, 비켜 주세요. 지나갑니다. 비켜 주세요.
덕춘 여기요, 여기 여기 여기 여기! 김자홍 씨! 빨리 오세요!

덕춘이 적패지를 입국 심사대와 유사한 개찰구에 넣자, '의(義)'라는 표시와 함께 흘러나오던 웅장한 음악이 훨씬 더 영광스럽게 변주되며 분위기를 돋운다.

덕춘   어? 와아! (박수) 와! 맞아요! 맞아요! 맞아! 우와! (박수)

자홍의 손을 덥석 잡고 좋아하는 덕춘.

덕춘   김자홍 씨.

차사들과 자홍은 초군문으로 들어간다.

CUT TO:

살인지옥

11. EXT. 화탕영도(살인지옥). 밤

눈 앞에 펼쳐진 시뻘건 용암지대를 보고 경악하는 해원맥의 표정.

해원맥   에에?! 왜 처음부터 살인지옥이야? 응? 살인지옥! 화탕
영도! 정의로운 망자라면서? 어? 아니, 초장부터 누굴 죽
인 거야? 어?

자홍   예? 아니… 제가 누굴 죽여요… ?

덕춘, 당황하는 자홍에게 설명을 시작한다.

덕춘   저승의 죄는 모두 일곱 가지로 구성되어 있어요. 배신,
폭력, 천륜, 살인, 나태, 거짓, 불의.

강림   재판의 순서는 염라대왕이 해당 망자에 따라 가벼운 죄
부터 시작해 무거운 죄까지, 직접 배정합니다.

해원맥   그러니까 염라 말고 아저씨 재판 순서는 우리도 모른다
는 얘기야.

자홍	죽이다니요, 전 사람을 해친 적이 없습니다!
강림	살인지옥은 간접적인 죄도 묻습니다. 김자홍 씨의 언행이 영향을 미쳐 누군가를 죽게 했다면, 그 원인 제공만으로도 기소될 수 있습니다.
해원맥	그러니까 인터넷 댓글 같은 거 함부로 달면 안 돼! 기록으로 다 남아! 근데 걱정하지 마, 아저씨. 얘가 지금 뭐 하는 거 같아?

덕춘, 눈을 감고 기절한 듯 멈춰 서 있다.

| 해원맥 | 우리 막내에겐 재주가 있어요. 얘가 이번 지옥의 아저씨 기소내용을 쭉 살펴보고 있는 거야. 스캔하고 있는 거라고. 뭘 어떻게 변호할지… 쯧. 이게 재주 같아 보이지만 업보지, 업보. 얼마나 힘들겠어, 본인은? |

덕춘이 깨어난다.

| 해원맥 | 누굴 죽였다니? |

덕춘이 자홍을 바라보면 그의 얼굴로 트랙 인 되는 카메라.

CUT TO:

12. EXT. 화재현장(업경). 밤

멍하니 위태로운 건물을 바라보며 침을 꼴딱 삼키는 자홍, 용기 내서 다시 들어가려고 하는데 비명을 지르며 뛰쳐나오는 피해자들과 소방관들이 그의 발걸음을 잡는다.

CUT TO:

건물 안, 잔해에 깔린 채 비상구 쪽을 바라보던 한 소방관, 상황이 악화되자 체념을 했는지 소방장갑에 새겨진 딸의 사진을 다시 바라본다.

CUT TO:

건물 밖, 자홍 앞에 수명을 다한 듯 엄청난 폭발음과 함께 건물이 무너져 내린다. 그 광경을 절규하며 달려드는 자홍의 얼굴.

CUT TO:

13. EXT. 살인지옥 재판장. 밤

기억을 떠올리고 있던 자홍의 발밑에서 심판장의 바닥이 갈라지며 살인지옥의 형벌장이 위용을 드러낸다. 수많은 망자가 펄펄 끓는 용암 안에서 몸부림치며 자홍이 서 있는 피고인석을 떠받치고 있는 기둥으로 서로를 사다리 삼아 밟고 올라가려는 아비규환의 형국이다. 자홍이 기둥 꼭대기까지 기어 올라온 망자에게 손을 내밀어 끌어 올리려고 한다.

자홍   빨리 잡아요. 됐어! 조금만 더요! 됐어! 잡았어!
변성대왕   네 이놈! 뭐 하는 짓이냐!

깜짝 놀라 변성대왕을 바라보는 자홍. 망자가 중심을 잃고 다시 용암 속으로 떨어진다.
당황한 자홍과 이를 못마땅하게 바라보는 변성대왕. 강림이 손을 들어 자홍에게 가만있으라는 신호를 보낸다.

판관1   본 사건은 위험에 처한 동료 소방관을 목전에 둔 일촉즉발의 상황에서 시간이 충분히 있었음에도, 자신의 안위와 두려움으로 인한 피고의 우유부단함으로 인해 결국 피해자가 안타까운 죽음에 이르게 된 사건입니다.
            당시 피해자는 구조됐더라면 충분히 살 수 있는 상황이었기 때문에 이는 피고가 골든타임을 놓쳐 발생한 간접 살인에 해당한다고 볼 수 있습니다.

CUT TO:

살인지옥의 업경에 당시 상황이 재현된다.

14. INT. 화재현장(업경). 밤

부상자를 업고 나가던 자홍이 누군가를 바라본다. 건물더미에 하반신이 깔려 꼼짝을 못하는 동료 소방관, 오상범의 모습이다

CUT TO:

15. EXT. 살인지옥 재판장. 밤

기소문을 읽던 판관1, 구형을 위해 판관 2를 쳐다보는데 꾸벅꾸벅 졸고 있다. 책상을 두드리는 판관1.

판관2   (황급히 잠에서 깨며) 이에 본 판관들은 피고 김자홍을 미

필적 고의로 인한 간접 살인죄로… 기소함과 동시에 화
탕형… 화탕형… 오십 년을… 구형하는!

순간, 변성대왕의 얼굴이 찌푸려진다.

판관1   (조용히) 오 년, 오 년! 귀인한테 무슨 오십 년을 때려 이
         등신아!
변성대왕 귀인의 재판이다! 구형에 신중을 기하도록 해라!
판관2   오십 년 같은! 오 년을 구형하는 바입니다. 피고는 귀인
         이니까요!
변성대왕 차사들은 최후 변론을 시작하라!
강림   먼저 김자홍 씨에게 묻겠습니다. 그날, 목숨을 잃은 동료
         소방관의 마지막 말을 기억하십니까?

CUT TO:

16. INT. 화재현장(업경). 밤

다시 업경 화면

자홍, 상범을 꺼내 보려 하지만 육중한 잔해들은 꿈쩍도 하지 않

는다.

| 자홍 | 으으윽! |
| 오상범 | 아아아아악! |

옆에 뉘어 놨던 부상자가 고통스러운지 비명을 지른다.

17. EXT. 살인지옥 재판장. 밤

업경을 뒤로 하고 고개를 떨구고 있는 자홍. 강림이 그런 자홍을 물
끄러미 바라본다.

18. INT. 화재현장(업경). 밤

다시 업경 화면

| 부상자 | 으아아아아! |
| 오상범 | 야… 부상자들 먼저 옮겨, 응? 불만 잡으면 이제 여기가
더 안전할 테니까. 불 먼저 잡고, 외벽 부수고 장비로 들 |

자고. 알았지?

건물 흔들리는 소리가 들려 온다.

오상범   야, 이러다 다 무너져, 새끼야! 빨리 가!
자홍   형! 나 금방 올 거야, 어? 그대로 가만있어야 해!
오상범   난 그대로 가만있을 수밖에 없어… 나 여기 있을게, 응?

잠시 생각하는 자홍, 곧 자신의 산소마스크를 벗어 오상범에게 씌워 준다.

19. EXT. 살인지옥 재판장. 밤

업경을 주시하고 있는 변성대왕.

20. INT. 화재현장(업경). 밤

자홍   이거… 이거 갖고 있어. 갖고 있어!
오상범   가! 가!

자홍, 부상자를 업은 채 비상구 쪽으로 달려나간다.

CUT TO:

21. EXT. 살인지옥 재판장. 밤

다시 살인지옥, 고개를 떨구고 있는 자홍의 모습.

강림   김자홍 씨. 고개 들어요. 당신 아직 죄인 아닙니다. 고개
             드세요, 김자홍 씨.

강림의 말에 용기 내어 고개를 들어보는 자홍.

강림   다시 피고에게 묻겠습니다. 동료 소방관의 지시에 따르
             느라 정작 그 동료를 구하지 못했던 바로 그날! 그 화재
             현장에서! 몇 명의 다른 이들의 목숨을 구하셨습니까?

자홍   여섯 명… 일곱 명… 잘 생각나지 않습니다. 기억이…
             기억이 잘…
강림   업경을 한 번 봐 주시기 바랍니다!

강림의 신호에 업경으로 뛰어가 귀왕대에게 향봉을 빌리는 덕춘,
업경 화면을 띄운다.

덕춘   조금만 빌릴게요.

CUT TO:

22. EXT. 화재현장(업경). 밤

다시 업경 화면

자홍, 부상자들을 둘러업고 건물 밖으로 나온다.

부상자   으아아아아!
소방관2   저기! 저기 저기!

CUT TO:

23. EXT. 살인지옥 재판장. 밤

계속되는 강림의 변론

강림   지금 보시는 바와 같이, 피고는 기억조차 잘 나지 않는다는 그 위험천만한 불길 속에서 정확히 여덟 명을 구하셨습니다. 피고 김자홍은 그날 저녁 8시 뉴스에 나와 영웅이 되기도 했습니다.

자 이제, 판관들께 묻겠습니다.

피고는 자신과 일면식도 없는 여덟 명의 목숨을 구해내느라 자신과 가장 가까웠던 단 한 명! 그 동료의 목숨은 구하지 못했습니다. 그렇다면 이 둘의 목숨의 무게는 어떻게 다른지, 답변해 주시기 바랍니다.

난감해하는 판관1, 변성대왕의 눈치를 보는데 갑자기 판관2가 끼어든다.

판관2   잰 초장부터 무슨 개소리야! 목숨의 무게를 어떻게 재? 아 그게 이렇게 만져지는 거냐? 어? 무게를 어떻게 재냐고? 안 보이는 게 무게가 있으면 (잘못된 대답임을 눈치채고) 그게 다 같은… 거지…

절망하는 판관1과 혀를 차는 변성대왕의 모습을 보고 난감해하는 판관2.

강림   존경하는 변성대왕 님, 모든 목숨의 무게는 다르지 않다
는 판관의 답변을 증거로 적극 채택하여 주심과 동시에,
정의로운 망자 김자홍의 살인지옥 기소에 대한 최종 판
결을 내려 주시기 바랍니다.

CUT TO:

24. EXT. 화재현장(업경). 밤

업경 화면

건물 밖에서 절규하는 자홍이 뛰어들어가려고 하자, 다른 동료들이
붙잡는다.

소방관3   위험해! 야! 야! 빨리 가! 위험해! 가지 말라고!
자홍   안 돼!

CUT TO:

건물 안, 산소마스크를 벗어 버리는 오상범, 딸의 사진을 보는 그의
눈에 눈물과 함께 미소가 감돈다.

오상범   흑… 우리 딸내미… 지연아… 지연아!

CUT TO:

마침내 무너지고 마는 건물, 절망한 자홍이 울먹인다.

CUT TO:

25. EXT. 살인지옥 재판장. 밤

살인지옥, 고민하던 변성대왕이 입을 열자 살인지옥의 형벌장 문이
육중한 소리와 함께 닫히기 시작한다. 중앙의 피고인석으로 나와
목례를 하는 차사들.

변성대왕   최종 판결을 내리겠다!
           동료 소방관의 희생적인 죽음으로 여러 타인들의 삶을
           구해낸 피고의 판단과 행동은! 역설적이지만, 죽음을 통
           해 삶을 증명해 냄과 동시에! 미필적 고의에 의한 살인

혐의 모두를 일축시킨다.

이에 본 법정은! 귀인 김자홍에게 기소된 살인혐의에 대해 무죄를 선고하며, 그의 의로움을 치하하는 바이다.

CUT TO:

나
태
지
옥

26. EXT. 삼도천(나태지옥). 밤

변성대왕의 판결문이 이어지는 가운데 살인지옥의 용암 폭포를 뒤로하고 목선에 올라타 있는 삼차사와 자홍.

강림 김자홍 씨. 다음 지옥은 망자가 생전에 자신의 삶을 낭비하지 않았는지를 심판하는, 나태지옥입니다. 즉 얼마나 치열하게 살아왔는가를…

그때 뱃머리에 앉아 기소내용을 스캔하던 덕춘이 뛰어 내려온다.

덕춘 차사님! 우리 로또 맞은 느낌! 로또! 로또!
나태지옥엔 공소장 자체가 아예 없고요. 김자홍 씨 잠깐 들르셔서 살아생전에 부지런하고 치열했던 삶을 그냥 낭독해 달래요.

해원맥 뭐야 그럼? 판관들을 저승에서 제일 떨어지는 애들로 붙

여놓은 것도…

덕춘   아 그냥 다 통과시키라는 거죠!

강림   너희, 판관들 조심해라.

해원맥   넵!

강림   첫 재판부터 징계 먹어가지고, 지금 칼 갈고들 있을 거
       야. 개네 입장에선 귀인 잡아넣으면 포상도 남다르고 팔
       자도 달라지니까.

자홍   당신들은 뭐가 좋은 겁니까?

자홍의 질문에 당황한 차사들이 그를 바라본다.

자홍   왜 저 같은 사람을 구하려고 하냐고요.

해원맥   아이, 아저씨 무슨 질문을 그렇게 공격적으로 해? 아저
       씨도 환생하면 좋은 거 아냐?

자홍   환생하고 싶지 않습니다.

강림   김자홍 씨, 그건 저승이 판단할 겁니다.

덕춘   천 년 전 약속이에요. 염라… 대왕님과 맺은 약속. 천 년
       동안 마흔아홉 명의 망자들을 환생시키면, 우리도 환생
       시켜 준다고 했거든요.

뜬금없는 덕춘의 말에 그녀를 노려보는 강림과 해원맥.

해원맥   음. 그것도 우리가 원하는 모습으로! 난 환생할 거 정했

어. 코스피 10위권 안쪽, 재벌 2세로. 한국은 그거 아니면
저승보다 더 지옥이거든!
(강림과 눈 마주치자) 음…

이제는 해원맥을 노려보는 강림.

덕춘   하지만 그 모든 게 김자홍 씨 같은 귀인을 만나야 가능한
거죠. 이승에서 49재를 지내는 사십구 일 안에 그 모든
지옥을 죄없이 통과한다는 게, 일반적인 망자들은 불가
능하니까요. 저희의 마흔여덟 번째 귀인이 되어 주세요.
부탁드립니다!
자홍   내가 귀인이 아니라면요. 아니라면 어쩌실 건가요.
강림   다시 말씀드리지만, 그것도 저승이 판단할 겁니다.

더는 차사들의 희망 사항에 관심이 없는 자홍이 수면을 응시하는
순간, 튀어 오르는 물고기들! 날카로운 이빨을 드러내며 사람 얼굴
의 형상을 한 무시무시한 인면어 떼이다.

자홍   어어어?

해원맥, 삼인창을 전광석화처럼 휘두르며 자홍을 공격하는 인면어
떼를 제압한다.

해원맥   아유! 눈 마주치면 안 된다고! 안광! 눈빛! 사람 눈빛을
          보고 쫓아오는 거라니까. 망자가 쳐다보면 쫓아오는 거
          라고. 다 뜯어먹으려고!

거친 숨을 몰아쉬며 식겁한 듯 뒤로 주저앉아 버리는 자홍.

강림   김자홍 씨, 지금 가시는 나태지옥은 그냥 관광 왔다고 생
          각하시고, 한 가지만 명심하세요. 재판장인 초강대왕에
          게는, 절대… 절대 말대꾸하지 마세요. 말대꾸 안 됩니
          다. 그리고, 고 앞에…

자홍의 발밑에서 인면어 한 마리가 뻐끔거리고 있다.

자홍   흐이익! 하아아…

CUT TO:

27. EXT. 나태지옥. 낮

업경 화면

휴식을 취하고 있는 소방대원들을 배경으로 소방차량의 구석구석을 청소 중인 자홍의 모습.

CUT TO:

폭포에 비친 업경을 배경으로 나태재판장의 모습이 보인다.

덕춘   저승형법 2조 3항, 나태란! 자신에게 주어진 삶을 무위
                도식과 태만으로 일관해 고귀한 인생을 허비한 죄라고
                적시되어 있습니다. 하지만! 보시는 바와 같이, 정의로운
                망자 김자홍에게! 나태와 게으름이란 웬 말이냐! 차사
                덕춘! 초강대왕님께 감히 말씀드리는 바입니다.

CUT TO:

28. EXT. 주택가(업경). 낮

업경 화면

주택가에서 말벌집을 해체 중인 자홍의 모습.

동료 소방관들   야, 빨리 떼!

자홍의 모자 밑으로 벌 한 마리가 들어온다.

자홍   어?! 벌! 벌! 벌 들어왔어!

사다리에서 떨어지는 자홍. 그의 앞에 말벌통이 통째로 떨어지며
벌들이 뿜어져 나온다. 혼비백산하는 주민들과 동료 소방관들.

CUT TO:

29. EXT. 나태지옥. 낮

판관2   푸하하하하.

덕춘   아아아! 그의 열정적인 삶의 태도로 목숨을 구한 이들은
        비단 인간 사회에 국한되지 않았으니!
        놀랍도다, 놀랍도다! 한낱 미물들로 여길 수 있는 이승의
        하찮은 짐승에게조차 차별 없는 사랑의 손길이 그득히
        닿았으니. 그의 손길 간 곳 하나! 하나! 희생과 구원의 영
        롱한 빛이 이승 전체에 만개하였도다.

CUT TO:

30. EXT. 수재현장(업경). 낮

수재현장의 자홍, 마치 어미 오리처럼 한우 여러 마리를 줄에 꿰어 인도하며 가까스로 헤엄쳐 농가를 빠져나온다. 소들을 끌어안고 눈물을 흘리는 노 촌부를 배경으로 삼킨 물을 토해내고 있는 자홍.

CUT TO:

31. EXT. 고급 주택(업경). 낮

또 다른 업경 화면

고급 빌라의 난간에 올라간 고양이를 구출하기 위해 아찔한 높이에서 난간을 타고 있는 자홍의 모습.

고양이 주인   왜 날 봐? 나비를 봐야지! 나비 저기 있잖아, 잡어! 어, 빨리! 얘기해, 대화해. 오라 그래, 오라 그래.

고양이 주인 딸   아저씨. 빨리요.

CUT TO:

덕춘   아뿔싸! 때로는 인간의 한계를 넘어선 그의 투철한 직업
윤리가!
어쩌면 자신까지 위험에 빠뜨리는 난감한 상황을 몰고
오기도 했지만…

CUT TO:

고양이 주인   데려와! 괜찮아! 나비야.

순간, 난간에서 점프해 자홍의 어깨를 타고 넘는 고양이. 자홍은 균
형을 잃고 휘청거린다.

자홍   어? 어? 어어어!
고양이 주인   왜 그래?

결국, 4층 높이에서 떨어져 주차된 람보르기니 위에 추락하는 자홍.

판관2   끄악! 람보르기니! 3억!

CUT TO:

덕춘　아아아! 잘못 없다, 김자홍! 충분히 이해된다. 김자홍!
　　　　그 누가 정의로운 망자 김자홍에게 돌을 던질 수 있단 말
　　　　입니까!

판관1　대왕님. 대왕님! 저기 차사들이 말입니다. 대왕님의 이
　　　　존엄한 재판장을 그 미취학 아동들의 그, 백일장 시상식
　　　　처럼 능욕하고 있습니다. 법정 모독죄로 그냥 확… 예.

초강대왕이 자리에서 벌떡 일어나 박수 치기 시작한다.

초강대왕　야! 다 필요 없다! 답 나왔어! 김자홍이 여기 동상 세우
　　　　자! 응? 세우자! 저런 애 동상 안 세우면 누구 세우니? 그
　　　　래, 안 그래? 응? 세우자!

분위기에 못 이겨 따라 박수 치기 시작하는 판관들.

판관1　예! 그럼요, 대왕님! 예! (판관2에게) 이왕이면은, 빅사이
　　　　즈로. 크게 좀 만들어 달라 그러자!

초강대왕　(판관2에게) 그래, 큰 거로. 응!
　　　　(자홍에게) 어허… 어찌 저리도 자신의 몸을 던져 어려움
　　　　에 처한 이들을 그리 돕고 싶었느냐? 아니면, 주어진 너
　　　　자신의 삶을 하루하루 충실히 살고 싶었던 것이냐? 응?

자홍	돈 때문이었습니다.

무표정하던 자홍이 의외의 대답을 하자 표정이 싹 변하는 초강대왕.

초강대왕	뭐라고? 너 뭐라 그랬니? 돈? 머니?
자홍	네. 전 돈을 모아야 했습니다.

당황한 강림이 자홍을 제지하려 한다.

강림	김자홍 씨!
판관1	(신이 나서) 대왕님. 그냥, 저희가 천천히 열게요.
초강대왕	어, 그래라. 그럼. 해. 응.
판관1	네.
초강대왕	너에겐 돈이 신이었냐? 하아… 진짜 잘못된 신을 만났구나. 내려가서… 진짜 신을 한 번 만나봐야겠구나.

판관1,2가 재판장 중앙으로 나와 도르래의 레버를 당긴다.

판관1	잡아, 잡아, 잡아. 하나, 둘, 세엣.

레버를 당기자 자홍이 서 있던 뗏목의 줄이 풀리며 뗏목이 절벽으로 향한다. 놀란 자홍이 폭포 아래를 보자 그곳에는 수많은 망자가

영원히 돌아가는 기둥에 치이고 깔리며 끊임없이 뛰고 있다. 기둥에 치인 망자들은 삼도천에 빠져 인면어에게 물어뜯기는 형벌을 당하고 있다. 경악하는 자홍, 그 자리에 주저앉고 만다.

덕춘   (해원맥에게) 차사님! 아아! 차사님! 가요! 들어가요! 가 빨리! 아아, 김자홍 씨 어떡해!

결국, 보다 못한 강림과 해원맥이 물에 뛰어들어 뗏목을 붙잡는다. 뗏목을 잡은 채 다급하게 변론을 시작하는 강림.

강림   초강대왕님! 업경을 한 번 봐 주시길 간청드립니다!
초강대왕   뭐 하는 짓들이냐! 잘못된 신을 섬긴 놈이다!
강림   네, 맞습니다. 잘못된 신을 섬긴 대가로 김자홍은… 낮에는 불을 꺼야만 했고, 밤에는 불을 피워야만 했습니다.

CUT TO:

34. INT/EXT.
자홍의 아르바이트 몽타주(업경). 낮/밤

업경 화면

고기집에서 자홍이 숯불을 나르고 있다.

고기집 주인 불 갖다 드려!

자홍 예! 조심하세요. 불 올라갑니다.

강림 (V.O.) 그 잔혹하고 파렴치한 그 신은! 김자홍의 연차를 소진 시켜 야채 배달을 하게 했으며, 일요일마다 목욕탕 바닥을 닦게 했고…

목욕탕 청소가 끝난 휴일 저녁에는 밤새도록 대리운전을 시켜 김자홍을 혹사시켰습니다.

CUT TO:

목욕탕에서 바닥 청소를 하는 자홍의 모습.

CUT TO:

팔에 깁스를 한 채 취객에게 키를 받아 대리운전하는 자홍의 모습.

CUT TO:

소방서 책상에 엎어져 졸고 있던 자홍, 출동을 알리는 비상벨이 울리자 황급히 잠에서 깬다.

자홍	헉!
소방관1	아! 자홍이 형!
자홍	어!

CUT TO:

비 오는 날 대리운전을 하며 졸다가 사고가 날 뻔한 자홍의 모습.

| 취객 | 뭐해 이 시키야! 운전 똑바로 안 해, 시키야? 앞을 봐, 이 시키야! |
| 자홍 | 어! 어어어… 죄… 죄송합니다. 예예예, 저… 죄송합니다. |

CUT TO:

35. EXT. 나태지옥. 낮

| 초강대왕 | 휴일에도? 아니 그럼 도대체 저놈은 언제 쉬었단 말이냐? |
| 강림 | 피고 김자홍의 휴일은! 그가 잘못된 신과 헤어진… 사망한 다음 날부터입니다. 김자홍은 살아생전 단 하루도 쉬 |

지 못했습니다.

CUT TO:

공부하고 있는 수홍과 채소를 다듬고 있는 어머니의 다정한 모습.

CUT TO:

은행에서 입금을 마치고 나오던 자홍이 코피를 쏟으며 바닥에 쓰러진다.

CUT TO:

강림   그에게는 치료가 필요했던 병든 노모와! 대법관을 꿈꾸며 고시 공부를 하던, 하나뿐인 동생이 있었기 때문입니다!
그 돈이 아니었다면, 그의 가족은 지금까지 살아 있지도 못했을 겁니다!
돈은 김자홍에게는 전부였던 것입니다!
돈이라는 잘못된 신에게서! 죽어서야 벗어날 수 있었던!
이 가련한 김자홍의 그 지친 영혼만이라도, 초강대왕님께서 부디 따뜻하게 품어 주시길 간청드립니다.

안타깝게 업경을 바라보던 초강대왕이 고민 끝에 입을 연다.

초강대왕 최종 판결을 하겠다.
　　　　　본 법정은 자신의 삶이 나태하지 않았던 이유가 돈과 재
　　　　　화의 축적이었다는 피고의 발언을 해석하는 데, 그 행동
　　　　　의 목적성이 피고 자신의 사리사욕이 아닌 병든 노모와
　　　　　어린 동생의 부양이라는 지극히 이타적인 목적에 기인
　　　　　함이 인정되는바, 피고 김자홍에게 무죄를 선고한다.

도르래가 다시 감기며 자홍의 뗏목이 원래 자리로 돌아온다. 안도
하는 덕춘과 해원맥. 그러나 강림은 착잡한 표정으로 자홍을 바라
볼 뿐이다.

CUT TO:

거짓지옥

36. EXT. 검수림 능선(거짓지옥). 밤

검수림의 정상을 향해 산을 오르고 있는 차사들과 자홍.
앞서 걷고 있는 강림의 표정이 심상치 않아 보인다.

덕춘   여기는 생전에 망자가 했던 거짓을 심판하는 거짓지옥
이에요.
칼날로 이루어진 이 숲을 검수림이라고 하고요. 달빛에
빛나는 나뭇잎이… 나뭇잎이 아름답죠?
근데 조심하셔야 해요. 괜한 호기심으로 잘못 만지…

강림, 일행 앞으로 돌아와 멈춰선 자홍을 빤히 쳐다본다. 강림의 심
기가 불편한 것을 느낀 덕춘이 입을 닫는다.

강림   괜한 호기심으로 잘못 만지셨다간… !

자홍을 검수나무 쪽으로 세게 밀어 버리는 강림. 검수나무의 가지

들이 자홍을 옭아매며 몸 곳곳에 상처를 낸다.

자홍   아악! 으아아악!

강림   괜한 호기심으로 잘못 만지셨다간⋯ 이렇게 검수림의
        칼날이 온몸을 구석구석 도려내 극심한 고통을 주죠. 제
        가 분명히 말대꾸하지 말라고 부탁드렸었는데⋯ 약속을
        또 어기셨어요.
        앞으로 약속 같은 건 하지 않을 겁니다. 모두 명령으로
        바꾸도록 하죠.

자홍을 두고 뒤돌아서 가 버리는 강림. 해원맥이 피곤하다는 듯 삼
인창을 꺼내 나뭇가지를 베어낸다.

해원맥   아니, 그러니까 왜 이렇게 삐딱해! 시키는 대로 하면 얼
        마나 좋아! 우리는 마흔여덟 번째 귀인 얻어서 좋고! 아
        저씨는 환생해서 좋고! 어?
        그리고 또, 환생하기 전에 현몽 한 번 시원하게 하고!
        그래, 아저씬 현몽해서 엄마 한 번 보고 오면 되겠다.

쓰러진 자홍의 옆에 와 앉는 덕춘. 안쓰러운지 어쩔 줄 몰라 한다.

덕춘   조금만 참으세요. 상처는 금방 아물어요⋯

순간, 자홍이 예사롭지 않은 반응을 보인다.

자홍   지금 뭐라고 했어요?

덕춘   저승은 상처가 금방 아문… 다고…

자홍   아니, 혀… 현몽…

해원맥   아니, 현몽 몰라? 거 꿈에 나타나는 거. 아저씨 이승에서
            보고 싶은 사람! 꿈에 나타나게 해 줘요. 마지막으로.

자홍   다시요! 어머니를 만날 수 있다고?

덕춘   말씀드렸을 텐데요… ? 다시 환생할 수 있는 망자에게는
            이승의 보고 싶은 사람에 딱 한 번, 마지막 작별인사를
            하게 해 준다고.

해원맥   이승 사람들 간밤에 아버지가 다녀갔네, 어쩌네 하는
            거… 그게 다 현몽이라고, 이 아저씨야!

자리에서 벌떡 일어나는 자홍, 결의에 차 있다. 해원맥의 멱살을 붙
잡는 자홍.

해원맥   어? 왜 그래… ?

자홍   어머니! 어머니!

해원맥   응, 그래. 자홍아, 내가 니 애미다. 응? 그래…

자홍   어머니… 흑.

해원맥   이거 반응을 계속해 줘야 하는 거지?

CUT TO:

37. EXT. 플룸라이드 선착장(거짓지옥). 밤

끝없이 아래로 펼쳐진 검수림 위에 이동수단으로 놓여 있는 플룸라
이드 선착장.
강림, 피식 웃으며 플룸라이드의 밸브를 열어젖힌다. 그 모습을 바
라보며 거리를 두고 서 있는 자홍과 덕춘.

해원맥   에효… 여긴 어떻게 천 년을 와도 낯설어. 걸어가지 그냥
         뭘 또… 덕춘아 이 아저씨 또 골질하지 않게 사전 설명
         좀 확실하게 해 줄래?
덕춘   이건, 귀인에게 내려 주는 특혜라고 생각하시면 돼요. 검
         수림을 빠르고 안전하게 관통시켜주는 이동수단이고요.

자홍, 덕춘의 설명을 다 듣기도 전에 결연한 표정으로 그들을 지나
쳐 플룸라이드에 당당히 앉는다. 어리둥절한 표정으로 자홍을 바라
보는 차사 무리.

해원맥   뭐 하는 거야?
자홍   갑시다!

적극적으로 변한 자홍을 강림이 물끄러미 바라본다.

CUT TO:

38. EXT. 플룸라이드. 밤

자홍과 차사 일행을 실은 플룸라이드, 서서히 속도를 붙이며 검수
림을 내려간다.
쿵! 쿵! 갑자기 격렬한 파괴음과 함께 엄청난 진동이 검수림을 뒤흔
든다. 차사 일행, 재빨리 시선을 돌려 주위를 관찰한다.

CUT TO:

강림의 시점, 검수나무가 인간의 형태로 변형되며 하나둘 모습을
드러내기 시작한다.

CUT TO:

덕춘의 시점, 하늘의 움직임이 급격하게 빨라진다.

CUT TO:

해원맥	어? 어어? 어어? 어, 지옥귀? 지옥귀가 왜 나와!?
덕춘	시간까지 빨라지고 있어요! 이승의 원귀… 원귀가 나타 난 거죠?
해원맥	(하늘을 보며) 뭐야? 왜 이렇게 빨라? 아저씨! 이승에 직 계가족 누가 남아 있어? 응?!

달려드는 지옥귀들이 점점 더 플룸라이드와의 거리를 좁혀간다. 플 룸라이드로 뛰어오르며 공격을 시작하는 지옥귀들. 강림과 해원맥, 각각 선수와 선미에서 지옥귀들을 전광석화처럼 막아낸다.

강림	김자홍 씨의 저승이 이렇게 변하는 건, 망자의 직계가족 중 누군가가 원귀가 된 겁니다!
자홍	예? 무… 무슨 말씀이신지?

무슨 소린지 영문을 모르는 어리둥절한 자홍의 모습. 순간, 비명을 지르는 덕춘. 이제 사방에서 공격해오는 검수 지옥귀들의 맹렬한 공격. 강림의 사인검이 불을 뿜기 시작하고, 더불어 해원맥, 플룸 라이드에서 뛰어올라 검수나무를 밟고 이동하며 지옥귀들을 제압 한다.

덕춘	헉! 차사님!
해원맥	(지옥귀의 머리가 굴러떨어지자) 어! 대가리!

신호를 받은 해원맥이 뒤편 공격을 막아내지만, 강림은 앞에서 달려든 지옥귀에게 밀려 플룸라이드 뒤로 떨어지고 만다. 간신히 난간을 붙잡고 끌려가는 강림. 설상가상으로 지옥귀 한 마리가 올라타 자홍을 향해 칼날을 뻗기 시작한다.

덕춘   어! 차사님!

해원맥   어어?! 뒤!

강림   흐억!

해원맥   (다급하게) 대장!

자홍   헉… 아… 안 돼!

해원맥이 분투해 보지만, 계속해서 늘어나는 검수 지옥귀의 숫자를 감당할 수 없는 상황. 뒤에 매달린 강림을 공격하려던 지옥귀를 베어낸 해원맥이 강림을 끌어올린다.

해원맥   대장, 괜찮아?

강림   저거 저거! 저 앞에!

해원맥   뭐요? 뭘?

강림   저거 저거, 부숴 부숴! 저거 부수라고, 이 씨…

강림이 가리킨 방향을 본 해원맥은 교각 역할을 하는 커다란 바위를 발견한다.

덕춘   빨리요, 빨리!

해원맥, 힘을 모아 삼인창을 휘둘러 교각을 이루는 바위를 무너뜨려 버린다. 바위에 압사당하며 괴멸되는 지옥귀 무리. 영문을 몰라 두려움에 떠는 자홍과 그를 착잡하게 바라보는 강림. 해원맥은 짜증 난다는 듯 자홍에게 쏘아붙인다.

해원맥   에이 씨! 무슨 말씀이냐고? 당신 직계가족! 엄마! 아빠! 형제! 그 사람 중에 누군가가 죽은 거라고! 그것도 원한을 가진 귀신이 돼서 원!귀! 그 원귀가 구천을 맴돌고 있으니까, 아저씨 저승이 이 난리가 난 거라고!

자홍   어머니!

해원맥   으므니! 으유… 덕춘아, 이 아저씨 눈 가려. 가리라고, 빨리!

자홍, 믿지 못하겠는지 고개를 가로젓는다. 그런 그를 한심하게 쳐다보는 해원맥.

CUT TO:

39. EXT. 검수림 절벽(거짓지옥). 밤

검수림 개활지에 모여 있는 자홍과 차사들. 사주경계 중인 강림과 해원맥, 자홍에게 안대를 메어주고 있는 덕춘.

자홍　　어머니에게… 어머니에게 무슨 일이 생긴 건 아니겠죠?

덕춘　　네… 아직 확실한 건 모르지만… 아닐 거예요.

자홍　　아니요! 확실하게 말해 주세요! 어머니 괜찮으신 거죠?

해원맥　확실한 게 알고 싶어? 당신 재판이고 나발이고, 이렇게 원귀 때문에 지옥귀들이 난리 치고 시간까지 짧아진다면, 49일 안에 당신도! 우리도! 마지막 재판까지 가기는 힘들다는 거야!

멀리 서 있던 강림이 덕춘을 부른다.

강림　　이덕춘!

덕춘　　예! 월직차사 이덕춘…

덕춘이 오자 조용히 당부하는 강림.

강림　　덕춘아. 나 잠깐 내려갔다 올 테니까 잠시만 변호 맡고 있어.
　　　　　김자홍 씨는 귀인이라 대부분 지금처럼 피해자가 존재

하지 않을 거야.

만약에, 문제 생기면 신호 보낼 때까지 최대한 시간을 끌고 있어.

음, 부탁한다. 이덕춘, 너랑 나랑 연결되어 있다는 거… 잊지 말고. 응.

어느새 옆에 다가온 해원맥이 호기롭게 말한다.

해원맥   걱정 마요, 대장. 여긴 내가 있잖아.

강림   (고개를 저으며) 음, 아냐 아냐. 넌 아무 생각하지 마. 왜 네가 생각을 해? 어떤 생각이 떠올라도, 넌 그 떠오르는 생각을 좀 의심해 볼 필요가 있는 것 같아, 어?

이게 옳은 생각인지, 그다음에 덕춘이한테 확인받고. 덕춘인 바로 가르쳐 주고… 쉽지?

쉬울 거야. 그러니까 김자홍 씨 보호하는 거 말고는 제발 아무 생각 안 했으면 좋겠어 난.

내가 진심으로 부탁할게, 응? 음.

듣는 내내 곤혹스럽지만, 알겠다는 듯 강림에게 특유의 경례를 하는 해원맥.

CUT TO:

40. EXT. 소방서 옥상. 낮

출동을 알리는 비상벨이 울리는 분주한 소방서.
허겁지겁 장비 챙겨 떠나는 대원들과 소방차들을 옥상에서 지켜보고 있는 강림.

CUT TO:

41. INT. 소방서 사무실. 낮

소방서 실내로 순간 이동해 들어 온 강림. 한쪽 데스크에 쌓인 서류 속 '유품 인수증'이라는 서류에서 인수자 김수홍의 주소지를 발견한다. 강림은 눈을 감고 시간을 과거로 돌려 본다.

유품들을 건네받고 있는 어머니와 군복 차림의 김수홍이 보인다.

소방관　　여기… 자홍이가 쓰던 물건입니다.

자홍의 어머니는 자홍의 책상 위에 놓인 죽은 화분을 소중히 가져가려 한다. 이를 보고 답답해하는 수홍.

수홍   엄마! 엄마, 그거 왜 가져 가? 죽은 거야. 버려. 하!

하지만 어머니는 화분을 꼭 끌어안고 놓지 않는다. 수화로 수홍에게 항변하는 어머니.

CUT TO:

42. EXT. 검수림 숲길(거짓지옥). 밤

검수림을 걷고 있는 자홍과 덕춘, 해원맥의 모습.

자홍   어머니는 농아셨어요. 말씀을 하실 수 없는… 그러니까
         전… 태어나서 어머니 목소리를 들은 적은 한 번도 없었
         던 거죠.

CUT TO:

43. INT. 자홍의 집 안. 낮

강림, 방 안 벽에 걸려 있는 사진을 훑어본다.
수홍의 법대 졸업식에 꽃다발을 들고 있는 어머니의 사진.
고등학생쯤으로 보이는 자홍과 어린 수홍 사이에 있는 어머니가 밝게 웃고 있는 오래된 사진.
강림, 시선을 옮기면 온통 법학 관련 서적이 낡은 책장에 도배되어 있다.

다시, 창가로 다가서는 강림. 양지바른 창틀 앞 공간에 이전 소방서에서 보았던 죽은 화분이 놓여 있다. 강림이 화분에 손을 갖다 대자 과거사 열람이 시작되며 빠르게 시간이 역순으로 스캔 된다.

자홍의 영정사진 앞에 눈물을 흘리며 앉아 있는 어머니가 연신 자신의 가슴을 때리고 있고, 벽 구석에 쭈그리고 앉아 그런 어머니를 지켜보는 수홍도 눈물을 훔치고 있다.

수홍 후우… 2주만 기다려, 2주만. 나 제대하면 엄마 옆에만 있을 거니까… 아… 김자홍 이 븅신같은 새끼! 씨… 어휴!

어머니를 둔 채 병장 베레모를 집어 들고 방을 뛰쳐나가는 수홍의 모습. 강림의 시선이 과거에 나간 수홍을 따라 문 쪽으로 향하는데,

순간, 문을 열고 들어오는 초췌한 자홍의 어머니. 깜짝 놀라는 어머니와 더 놀라는 강림. 잠시 고민하다가 눈시울을 붉히며 연기를 하기 시작한다. 울먹이며 능숙하게 수화를 구사하는 강림.

강림   애도를 표합니다, 어머니. 예전에 김자홍 씨가 절 구해 주셔서 새로운 생명을 선물 받은 사람입니다. 텔레비전 뉴스를 보고선 너무 놀라 급하게 달려왔습니다. 마지막 고인이 가시는 길인데…

어머니   흑흑흑…

슬픔에 잠긴 어머니가 강림을 급작스럽게 껴안고 울기 시작한다. 난감한 강림, 위로해주려는 듯 어머니의 어깨를 어색하게 쓰다듬는다. 순간, 서늘한 느낌을 받는 강림. 어머니를 조심스럽게 떼어 내고 온화한 미소를 짓는다.

강림   제가 아직 김자홍 씨에게… 인사를 아직 못 했습니다. 괜찮으시다면 제가 김자홍 씨에게 마지막 인사를 개인적으로 드려도 괜찮겠습니까?

강림의 눈에 눈물을 본 어머니가 무슨 뜻인지 알겠다는 듯 자리를 비켜 주며 밖으로 나간다. 고개를 숙여 감사를 표하는 강림.

강림   감사합니다, 어머니.

이내 굳은 표정으로 고개를 들어 영정 쪽을 노려보는 강림, 사인검을 소환해 영정사진을 겨눈다.

강림　　　김수홍. 네가 죽은 곳이 어디냐?

타고 있던 향불 두 개가 눈동자로 변하며 서서히 검은 형체가 몸을 일으킨다. 잠시 정적과 긴장이 흐르는 방 안.
굳은 듯 멈춰 있던 강림이 사인검을 들어 올리자 순식간에 창문을 통해 도주하는 검은 형체의 원귀. 강림, 놓칠세라 원귀가 나간 창문으로 쏜살같이 몸을 던진다.

SMASH CUT TO:

44. EXT. 연리동 철거촌. 낮

연리동 좁은 골목길을 필사적으로 도주하는 원귀. 그에 반해 강림, 전구가 점멸하듯 순간 이동을 하지만 원귀를 잡기에는 힘겨워 보인다. 결국, 원귀와 충돌하고 지상에 착지하는 강림, 그러나 주변을 둘러봐도 보이지 않는 원귀.

CUT TO:

여의치 않은 강림이 높이를 높여 공중으로 올라가 원귀의 방향을
예측해 따라가 보지만 역부족이다.

CUT TO:

리어카를 세워 두고 잠시 휴식을 취하고 있던 춘삼 할아버지, 그의
시야에 원귀를 쫓고 있는 강림이 목격된다.

춘삼　　이 할애비가 죽을 때가 다 됐나 보다. 저승차사가 보이는
　　　　걸 보니께…
현동　　내가 그딴 소리 하지 말라 그랬지! 할아버지 안 죽어! 안
　　　　죽어!

현동이가 아이스바를 문 채 할아버지를 쳐다보는데 눈물이 고인다.
아이스바를 팽개치고 할아버지에게 달려드는 현동. 할아버지, 울고
있는 현동이의 머리를 쓰다듬으며 연리동 마을 높이 떠 있는 저승
차사 강림을 조용히 응시한다.
원귀를 놓쳐 버린 강림은 크레인 위에 올라 그의 흔적을 살펴보지
만 원귀는 사라졌다.

CUT TO:

45. EXT. 검수림 언덕길(거짓지옥). 밤

검수림 한편에 몸을 숨기고 있는 차사 일행과 자홍. 덕춘은 눈을 감고 있고, 해원맥, 안대를 하고 앉아 있는 자홍을 사주경계 하며 보호하고 있다. 여전히 빠르게 돌아가고 있는 저승의 시간.

해원맥 하… 별들 돌아가는 거 봐라. 여기가 클럽이야, 지옥이야? 아니, 어떻게 이렇게 시간이 빨리 가? 어?

자홍, 답답한지 안대를 살짝 올려 해원맥의 눈치를 살피다 덕춘을 조용히 흔들어 본다.

자홍 저기요… 어머니 소식 안 왔어요?
해원맥 깨우면 안 돼요.

그러나 자홍은 계속 덕춘을 흔든다.

해원맥 안 돼요.
자홍 저기요… 저기요!
해원맥 쉿. 거 깨우지 말라고, 자는 게 아니라고요, 아저씨!
다음 지옥에서 기소되는 내용이 뭔지 보고 있는 거라니까! 거 진짜 말귀를 못 알아 처먹네, 정말?
이거 안대는 또 왜 벗었어? 당장 써, 빨리!

하지만 이미 늦었는지 주변 검수나무들이 변형되기 시작한다.

해원맥   놔 둬. 늦었어. 나와, 그냥. 덕춘이 깨워 가지구. 빨리, 얼
         른 나와.

해원맥, 한 손에 김자홍을 잡은 채 덕춘을 일으켜 뒷걸음질 치기 시
작한다. 덕춘이 깨어난다.

자홍   저, 저… 눈 뜨세요, 눈 떠요, 눈!
덕춘   이제 끝난 거예요?
해원맥   그래… 우리가 끝난 거 같은데?

덕춘이 고개를 들어보면 엄청난 수의 검수 지옥귀들이 인산인해를
이루며 차사들과 자홍을 포위하고 있다. 그 위기의 순간, 갑자기 황
급히 도망치는 지옥귀들.

염라대왕의 등장이다. 염라, 엄청난 위용과 함께 일행들 쪽으로 걸
어온다.

해원맥   염라다… 숙여, 숙여! 숙이라고!

차사 일행의 앞에 위치하는 염라대왕. 급히 머리를 조아리는 차사
들과 달리 염라를 빤히 쳐다보는 자홍이 위태롭다.

염라	저 망자는 이미 죽었는데, 왜 또 죽고 싶은 얼굴인 게냐?
덕춘	19년 만에 만난 정의로운 망자, 귀인 김자홍입니다!
염라	허허허… 그 19년 만에 만난 정의롭다는 망자가 이승의 원귀를 불러내서 저승을 이렇게 어지럽히는 것이냐?
덕춘	그래서, 강림 차사가 급히 내려갔습니다."
해원맥	예! 수사가 상당 부분 속도를 내는 것으로 알고 있습니다!
염라	원귀는 어떻게 처벌하느냐.
해원맥	발견 즉시 그 시체를 불에 태우고 그 영혼은 소멸시킨다!
	단, 이승에 물리적으로 개입하지 않는 범위 내에서 말입니다!
염라	으음…

소멸이라는 말에 눈이 휘둥그레진 자홍이 이성을 잃고 염라에게 달려든다.

자홍	안 돼!
해원맥	흐억!
자홍	안 돼애애! 안 돼! 안 돼, 이놈들아! 안 돼, 안 돼! 절대로! 안 돼, 안 돼!
해원맥	아저씨! 아 제발! 멈춰!

순식간에 언덕을 뛰어 올라가 염라의 멱살을 잡고 흔드는 자홍. 황
급히 뒤따라 온 해원맥은 어처구니없는 상황에 어쩔 줄 몰라 한다.
그러나 아랑곳하지 않고 계속 염라에게 소리치는 자홍.

자홍   야! 너, 너 뭐 하는 놈이야! 너 뭐 하는 놈이냐고! 너! 내
         어머니에게 손끝 하나라도 대기만 해 봐!
         내가 가만 안 둘 거야! 너! 너 뭐 하는 놈이야!
         네가 뭔데 어머니를 소멸시켜!
염라   (해원맥에게) 떼.

염라, 참다못해 해원맥을 째려보며 빨리 떼어 내라는 눈짓을 보
낸다.

염라   떼라고…
자홍   네가 우리 어머니를 알아? 어디서 개폼 잡고 자빠졌어?!
         씨…
해원맥   (자홍을 잡아끌며) 죄송합니다! 죄송합니다!
자홍   (해원맥이 아예 입을 틀어막자) 읍! 읍!
염라   하아…
해원맥   아저씨! 쫌…
덕춘   시간을 주십시오! 염라대왕님!
해원맥   조용히 쫌 해! 미치겠네! 정말!
자홍   읍! 우우읍!

염라 강림에게 일러라. 서둘러 원귀를 소멸시키…

근엄하게 명령하려던 염라의 말을 끊고 소리치는 자홍. 해원맥이
아예 자홍을 넘어뜨려 입을 막아 버린다.

자홍 지랄하고 자빠졌네! 야! 으으읍!

염라 소… (또 막힌다) 지금 뭐 하는 거냐…

해원맥 나 좀 살려주라, 응?

자홍 으읍! 흐억! 으으읍!

염라 강림에게 일러라! 서둘러 원귀를 소멸시키고 저승을 되
       돌려놓지 않으면! 내 친히 이승으로 내려가겠다고!

덕춘 예! 알겠습니다!

염라 음…

불쾌한 듯 몸을 돌려 언덕 너머로 사라지는 염라. 하지만 자홍은 계
속 소리친다. 어떻게든 입을 막기 위해 자홍을 붙잡고 넘어지며 애
쓰는 해원맥.

자홍 너 뭐 하는 놈이야!

CUT TO:

46. EXT. 군부대 연병장. 낮

강림, 차사의 모습으로 분해 군부대 구석구석을 빠른 속도로 이동
해 가며 관찰하고 있다.
차를 정비 중인 병사들.

사병1   김수홍 병장님, 형님 때문에 탈영했다는데 그거 맞습니
          까?

사병2   몰라.

사병1   알고 계신 거 없습니까?

CUT TO:

스탠드에 앉아 잡담 중인 병사들 산책 중인 병사들 근무 나가는 중
인 병사들.

사병7   그 엄마는 이제 진짜 혼자 어떡하냐.

사병8   진짜 어떡합니까. 근데 아… 저 같으면 속이 그냥 썩을
          것 같습니다.

사병7   썩을 거 같은 게 아니라 썩지.

사병8   아, 예… 죄송합니다.

CUT TO:

47. INT. 생활관. 낮

텅 빈 생활관의 과거를 스캔하고 있는 강림. 어느 순간에서 멈추자, 수홍이 병사들 몇 명에게 얼차려를 주고 있다.

수홍 몇 번을 말하냐⋯ 어? 누가 그랬냐고?

내무반 병사들 죄송합니다!

수홍 야! 이 봐. 얼굴 봐봐. 응? 내가 너네 쟤랑 똑같이 만들어 주고, 영창 갈라고.

내무반 병사들 죄송합니다. 죄송합니다.

수홍 관심병사야, 이 새끼들아!

강림, 고개를 돌려 옆을 보자 얼굴에 맞은 흔적이 있는 원 일병이 냉동만두를 눈치 없이 먹고 있다. 그의 가슴팍에 있는 스마일 배지를 주목하는 강림. 관심병사 표식이다. 또 다른 시간대로 과거를 스캔하자 노랫소리가 들려온다. 수홍과 원 일병이 '이등병의 편지'를 개사해서 함께 부르며 놀고 있다.

수홍/원 일병 노란 배지 달더니. 선임들의. 성난 얼굴.

수홍 아이구 좋다! 선임들의!

CUT TO:

플래시 백. 행군 중에 쓰러진 원 일병을 부축해 함께 가는 수홍의
모습.

수홍   야, 동연아, 원동연! 일어나 임마.
원 일병   병장님 저 못 걷겠습니다…
수홍   못 걸으면 어떡해, 응? 일어나, 빨리.

CUT TO:

수홍   (off) 가사 진짜 잘 만들지 않았냐? 이거 널 위해서 만든
         거야, 임마.
원 일병   (off) 네, 저도 좋습니다.

행복해 보이는 두 사람의 모습이 사라지고 다시 현재로 돌아오는
시간. 창밖에서 말소리가 들리자 강림은 창가로 가 본다. 생활관 뒤
편에서 원 일병과 대화하는 누군가가 있다.

CUT TO:

원 일병   그게 아니라… 잠을 통 못 자서 말입니다.
박 중위   (화를 억누르며) 그러니까 왜 잠을 통 못 자는데… 응?
원 일병   밤에… 누가 쳐다보는 느낌이 들면서, 소름이 돋고 말입
         니다.

그때, 코너에서 사병 한 명이 나와서 박 중위를 찾는다.

행정사병   중위님! 충성! 김수홍 병장 탈영 사건으로, 기무사에서
           수사관이 나왔습니다!
박 중위   어, 그래?
행정사병   중령이 나왔는데요…
박 중위   기무부대장이?
행정사병   네.

CUT TO:

48. INT. 거짓지옥. 밤

업경의 화면

자홍이 소방관 취침실에서 몰래 뭔가를 하고 있다. 자세히 보면 죽은 동료 오상범의 장갑에서 사진을 조심스럽게 떼 내는 중이다.

CUT TO:

거짓지옥, 낡은 아날로그 기록장치들과 철송들이 뒤엉켜 있는 거짓

지옥의 재판장 풍경. 태산대왕(10대 초반. 여)과 잔뜩 벼르고 있는 판관들이 자홍의 과거를 조명하는 홀로그램을 주의 깊게 살펴보고 있다. 판관들이 기소항목을 낭독하고 있다.

판관1   아빠는 항상 우리 지연이 근처에서 지연이를 지켜 보고 있을 거야. 그러니까 공부도 열심히 하고, 어떤 곳에서든 떳떳하고 멋진 사람으로 자라주길 바란다. 아빠가 말한 대로 잘 지내고 있으면, 크리스마스 때 지연이가 좋아하는 강아지를 선물해 줄 거야. 아주 아주 힘들겠지만, 아빠가 많이 사랑하고, 많이 미안해.

해원맥   저게 뭐야?

덕춘   편지를 썼어요. 죽은 소방관의 딸에게. 아빠가 쓴 것처럼…

해원맥   죽은 아빠? 그럼 유서 아니야? 아니, 지가 왜 유서를 써? 저건 사문서위조야!

판관2   '아빠가 예전처럼 골목길에서 지연이를 기다릴 거니까. 어디 아프지 말고, 사이 좋게 씩씩하게 잘 지내야 해.' 이건 피고가 어린 지연이에게 보냈던 여러 편지 중 극히 일부일 뿐입니다.

판관1   본 법정은 피고 김자홍이 저질렀던 이따위 거짓 편지의 죄질을 따지기 전에, 먼저 그 거짓 편지들의 양에 주목하시길 바랍니다!

해원맥   몇 통이나 보낸 건데?

판관2	아흔여덟 통! 이 귀인이라는 작자가 부모 잃은 아이한테 희망을 주겠다는 미명 하에 거짓으로 작성해서 보낸 유서의 개수다!

어이가 없다는 해원맥의 표정.

해원맥	아흔여덟… 아흔여덟 통? 두 통 더 써서 아예 백 통 채우지, 왜? (자홍에게) 증말 미친 거 아니냐?
태산대왕	(어이없다는 듯) 허.
판관2	대답하세요, 피고. 당신 변호하는 사람들이 미친 거 아니냐고 묻습니다.
자홍	너무 가슴이 아파서 그랬습니다. 너무 어린아이들이라… 너무 어린아이들이라… 제가 해 줄 수 있는 게… 그것밖에는 없었습니다.

업경을 보며 눈시울을 적시는 자홍.

업경 화면

화재현장의 폐허, 시커멓게 그을린 자홍이 잔해 속에서 동료 소방관의 장갑을 바라본다. 동료 소방관의 장례식장, 상주인 그의 딸 지연이와 맞절을 하는 자홍의 눈시울이 붉어진다.

CUT TO:

슬픈 눈으로 업경을 바라보는 자홍과 혀를 끌끌 차는 태산대왕.

CUT TO:

49. INT. 박 중위 소대장실. 낮

문을 열고 들어오는 박 중위. 문 반대 방향으로 등을 돌려 앉은 채 서류를 보고 있는 기무사 중령, 군복 차림으로 현신한 강림이다. 다소 긴장한 박 중위가 군기가 바짝 든 경례를 붙이면 건성으로 인사를 받는 강림, 의자에서 일어난다.

박 중위 충! 성!

강림 응. 내가 시간이 없어. 좀 급하니까, 이상한 점만 물어볼게. 김수홍 병장이 탈영했는데, 자기 모친은 아직 모르고 있대?

박 중위 김 병장 형님이 돌아가신 지 몇 주 안 됐습니다. 또 영내 단순 근무이탈일 가능성도 있었고. 무엇보다도 형님 비보에 이어서 김 병장 어머님께서 받으실 충격이…

갑자기 비웃음을 날리는 강림, 박 중위가 움찔한다.

강림　　하하. 박 중위님 사리 나오겠다. 뭔 보살 같은 배려야, 그
　　　　　배려는?

단호한 표정으로 해명하는 박 중위.

박 중위　김 병장… 제 친동생 같은 놈이었습니다. 부임해서 보니
　　　　　요즘 젊은이들답지 않게 소대 내 관심병사들도 잘 챙기
　　　　　고. 뭐 그 덕에 제가 표창도 좀 많이 받았습니다. 말씀하
　　　　　신 부분은 그렇지 않아도 오늘 내일, 부대에서 김 병장
　　　　　댁에 직접 보고 예정입니다!

진열장에 놓인 박 중위의 표창장, 상패들을 천천히 훑어보는 강림.
갑자기 분위기가 변한다.

강림　　어디다 묻었냐? 김 병장.

박 중위의 눈빛이 흔들린다.

CUT TO:

50. INT. 거짓지옥. 밤

꿀 먹은 벙어리가 된 자홍.

태산대왕   피고는 대답하세요. 대답을 안 하실 건가요?

업경 화면

소방관의 집 앞 계단이다. 소방관의 어린 딸, 지연이가 이전 모습 그대로 쭈그리고 앉아 비를 맞고 있다. 하염없이 골목길의 끝을 바라보고 있는 지연이의 처연한 모습.

CUT TO:

업경을 보며 안타까움에 자홍의 표정이 일그러진다.

판관1   피고! 저 죄 없는 애들이 네가 보낸 편지가 거짓이었다는 것을 알고 느끼게 될 고통과 절망에 대해서, 몰랐냐고 대왕님께서 지금 묻고 계시잖아!
태산대왕   대답을 하세요.
판관1   지연이는 네가 보낸 편지가 가짜란 걸 알면서도 매일 저렇게 아빠를 기다렸어! 눈이 오나 비가 오나 밤이나 낮이나! 응?

태산대왕 피고는 진술을 계속 거부하는 것이죠? 침묵이 최선의 방
          어라고 생각하는 피고의 쓰지 않는 혓바닥을 먼저 뽑아
          드리도록 하겠습니다.

태산대왕이 신호를 하자 갑자기 자홍의 발밑에서 검수나무 덩굴들
이 올라오며 자홍의 몸을 옭아맨다. 동시에 자홍의 뒤편에서 집게
와 가위를 든 귀왕대들이 다가온다. 사색이 되는 해원맥과 덕춘.

자홍   (몸이 굳어 간다) 어? 으윽! 아악!
덕춘   차사님!

해원맥이 다급하게 강림을 부른다.

해원맥   대장! 대장! 대장!

CUT TO:

51. INT. 박 중위의 소대장실. 낮

해원맥의 호출을 들은 강림, 근무일지를 집어 들며 자리에서 일어
난다.

강림   나 바쁘다고… 마지막이야. 김 병장 어디에 묻었어?

CUT TO:

52. INT. 거짓지옥. 밤

거짓지옥, 귀왕대가 자홍의 얼굴로 가위를 서서히 가져간다.

자홍   안 돼… 안 돼! 안 돼!

CUT TO:

53. INT. 박 중위의 소대장실. 낮

강림을 똑바로 바라보던 박 중위, 목소리가 떨린다.

박 중위   중령님을 허위사실과 협박의 혐의로 헌병대에 즉시 신
                   고하겠습니다!

단호한 박 중위의 태도에 피식 웃는 강림.

강림   됐다. 그만하자. 신고는 무슨…

문으로 나가려던 강림이 마지막 질문을 한다.

강림   아! 이거 마지막 근무일지는 맞는 거니? 김 병장이 원동
                 연 일병이랑 초소 야간경계 근무했다는 거. 내가 너 기회
                 는 줬다. 나중에 혓바닥 조심해.

강림, 문을 박차듯 빠르게 박 중위의 소대장실을 빠져나온다.

강림   월직차사 이덕춘!

CUT TO:

54. INT. 거짓지옥. 밤

자홍에게 점점 더 가까워지는 귀왕대의 가위.

자홍   안 돼… 안 돼… 아직 안 돼!

강림   (V.O.) 월직차사 이덕춘!

눈을 질끈 감고 있던 덕춘이 황급히 대답한다.

덕춘   네! 월직차사 이덕춘!

CUT TO:

군부대 복도를 걸어 나오는 강림이 신호를 보낸다.

강림   지금부터 연결한다.

INSERT TO:

강림의 눈으로 빨려 들어가는 카메라가 무정형의 공간을 거쳐 덕춘의 눈으로 빠져나온다.

CUT TO:

고개를 서서히 드는 덕춘, 우리가 아는 이덕춘이 아니다.

강림   태산대왕님!
덕춘   태산대왕님! 월직차사 이덕춘, 최후 변론을 시작하겠습니다.

재판장 중앙으로 걸어 나가는 덕춘.

태산대왕   (귀왕대에게) 잠깐 멈춰봐.

귀왕대가 잠시 물러나자 자홍의 몸을 휘감고 있던 덩굴도 느슨해진다.

자홍   _끄허…_

CUT TO:

이승, 강림이 손에 들고 있던 근무일지를 공중으로 집어 던지자,

강림   태산대왕님! 피고 김자홍은 거짓말쟁이가 맞습니다!

CUT TO:

거짓지옥, 덕춘도 강림처럼 허공을 향해 몸짓을 취한다.

덕춘   거짓말쟁이가 맞습니다!

거짓지옥의 재판장에 온통 덕춘이 집어 던진 편지가 눈처럼 흩날리기 시작한다.

자홍, 고개를 들어 업경을 바라본다.

강림/덕춘 지금 보시는 것은 피고 김자홍이 사고로 아빠를 잃은 지연이에게 쓴 거짓 편지를 넘어, 자신의 어머니에게까지 거짓으로 썼던 지난 15년간의 기록입니다.

갑자기 업경에서 멧돼지 한 마리가 튀어나와 뛰어다닌다.

판관1/2 어! 이거 뭐야! 가! 가! 가라고!

멧돼지를 따라 업경 안으로 이동하는 화면.

DISSOLVE TO:

농촌, 포획에 실패한 멧돼지가 자홍의 팔을 물고 마지막 발악을 하고 있다.

동료 소방관들 온다! 온다! 어! 어!? 피하면 안 돼! 아이고! 자홍아! 자홍아!

자홍 어? 뭐야, 뭐야? 아! 아아악!

CUT TO:

병원, 팔에 깁스를 한 채 병상에 누워 있는 자홍이 편지를 쓰고 있다.

자홍   (V.O.) 어머니, 오늘 첫째 아들 녀석이랑 장난을 치다가
            팔을 좀 다쳤습니다. 녀석이 얼마나 힘이 좋아졌는지…

CUT TO:

소방서, 근무복 차림의 자홍이 컵라면을 먹고 있다.

자홍   (V.O.) 어머니, 오늘은 집사람이 누룽지를 해 줬습니다.
            어머니가 해 주셨던 누룽지만큼은 아니어도…

CUT TO:

병원, 병상에 누워 이 편지들을 읽고 있는 어머니의 모습.

덕춘   (V.O.) 포악한 멧돼지의 공격을 존재하지도 않는 귀여운
            손자의 재롱으로 둔갑시켜야 했고, 자칫 병마와 싸우다
            지쳐, 어머니가 삶의 의지를 포기할까 두려워 상상 속의
            부인은 따뜻한 밥 대신 매일같이 지겹게 누룽지를 끓여
            야 했습니다.

CUT TO:

강림, 연병장을 걸으며 계속 변론을 이어 간다.

강림 그런데 어찌 된 일일까요? 불치의 병으로 유명을 달리할 뻔한 김자홍의 어머니는 지금! 그 병을 물리치고! 당당히 이승에서 행복하게 살고 계십니다!

CUT TO:

업경의 화면, 시장 좌판에서 활기차게 나물을 팔고 있는 어머니와 수홍의 모습이 흐른다.

수홍 괜찮아, 엄마 먹어. 맛있어?

CUT TO:

재판장의 덕춘도 변론을 계속해 나간다.

덕춘 당당히 이승에서 행복하게 살고 계십니다! 만약, 가망이 없었던 자신의 병원비를 벌어 보내기 위해 당신 자식이 매 순간 생사의 고비를 넘나들고 있다는 사실을 여과 없이 듣게 된다면 어머니의 기적 같은 쾌유가 가능했을지

	묻고 싶습니다.
판관1	그 모든 편지가 새빨간 거짓말로 들통난다면… 그 어머니가 받게 될 좌절의 상처 또한 기적 같은 쾌유가 가능한지 묻고 싶다!
덕춘	그들은 그 좌절을 통해 성장도 하고 있음을 말씀드립니다.
태산대왕	마지막으로 묻습니다. 수많은 거짓 편지를 작성한… 죄 자체를 부정하는 것인가요?
강림	피고의 거짓 편지로, 기대와 희망이 컸던 만큼!
덕춘	그 거짓이 밝혀진 이후에 그 상실감 또한 컸겠지만!
강림	하지만 그들은!
덕춘	이승의 인간들은!
강림	그 상실감의 크기만큼 더 크게 성장했습니다.

CUT TO:

업경의 화면, 지연이가 교실에서 편지를 쓰고 있다.

CUT TO:

친구들과 놀고 있는 지연이의 건강한 모습.

CUT TO:

납골당, 소방관의 딸이 편지를 유골함 앞에 올려놓는다. 편지 봉투에는 자홍이 보내 준 사진이 붙어 있고 '사랑하는 아빠에게'란 글귀가 보인다.

CUT TO:

지연   (V.O.) 사랑하는 아빠! 잘 지내고 있지? 나는 소방관 삼촌들이 신경 써 주시고 힘을 주셔서 잘 지내고 있어. 선생님 말씀도 잘 듣고 친구들과도 사이좋게 잘 지낼게. 지연이는 빨래도 잘하고 밥도 잘하니깐 너무 걱정하지 마. 아빠와 떨어져 있어도 아빠는 항상 내 가슴 속에 있어. 아빠 딸 지연이 항상 지켜봐 줘! 아빠의 보물 지연이 올림.

업경을 보던 자홍, 지연이의 대견한 모습에 눈물이 번진다. 강림의 변론과 업경 속 내용에 말문이 막히는 판관들이 눈치만 살핀다. 태산대왕, 고민 끝에 입을 연다.

태산대왕 판관! 과거에… 해당 사건과 비슷한 판례가 있습니까?
판관1   아, 예. 그게, 그… 아마 그…
판관2   충무공? 이순신입니다. 내 죽음을 알리지 말라고.

해원맥은 어처구니없는 대답에 웃음이 터진다. 당황하는 판관1과 허탈해 하는 태산대왕의 모습.

판관1   적군한테 알리지 말라고요… 그러니까 그… 전략 전술
          적 차원에서…

덕춘   아군에게 한 말로 기록되어 있습니다! 실망과 좌절로, 사
          기를 잃을 게 자명하니까요!

태산대왕   내가 이래서… 적패지 뒤에 귀인이라고 써 붙인 애들…
          그냥 보내자 그랬지? 피고 김자홍의 거짓 편지 작성으로
          인한 거짓 지옥의 최종 판결은, 기소 자체를 기각하는 바
          입니다.
          이에 본 법정은 피고, 아니 귀인 김자홍에게 제기됐던,
          모든 해당 공소 사실에 대해 불기소 처분을 내림과 동시
          에 즉시 다음 지옥으로 이동을 명령합니다!
          그리고 너흰 바쁘지 않으면 좀 나와볼래?

강림과의 연결이 풀리자 정신을 잃고 쓰러지는 덕춘을 해원맥이 달
려 나와 부축한다. 덩굴에서 풀려 난 자홍과 함께 재판장을 빠져나
가는 차사들.

화난 얼굴로 재판장을 나가던 태산대왕이 다시 한번 판관들에게 엄
포를 놓는다.

태산대왕   너네 둘 다 나오시라고요. 밖으로. 너네 땜에 늙는다, 늙
          어…

뻘쭘한 얼굴로 눈치만 보는 판관1,2.

CUT TO:

55. EXT. 거짓지옥 출구. 낮

자홍과 차사들이 거짓지옥을 뒤로 하고 검수림을 빠져나오고 있다.

해원맥   아니 근데 아저씨는 왜 엄마를 다시 보려고 하는 거야?
         맨날 마미. 마미. 이유나 쫌 알자?
덕춘   네, 뭐… 하고 싶은 말이 있으신 거죠? 계속 궁금했거든
         요…
해원맥   기소내용 안 보냐?

해원맥의 눈치에 눈을 감는 덕춘, 그러나 자홍이 말을 시작하자 이
내 눈을 뜬다.

자홍   (off) 전기밥솥이요. 누룽지가 잘 만들어지는 전기밥솥을
         사 놨거든요.

CUT TO:

어린 시절, 자홍과 수홍 형제의 어머니가 석유곤로의 심지를 조절하며 밥을 짓고 있다.

CUT TO:

자홍   어릴 땐 내내 누룽지만 먹었던 거 같아요… 어머닌 항상 냄비에 밥을 하셨는데, 기가 막히게 누룽지를 잘 만드셨어요.

CUT TO:

김치를 찢어 형제의 밥 위에 올려 주는 다정한 어머니와 허겁지겁 밥을 먹는 어린 형제.

CUT TO:

자홍   (off) 근데 요새 어머니가 정신이 좀 깜빡깜빡 하신지, 자꾸 냄비를 태우시더라고요. 애꿎은 냄비만 몇 개를 태우셨는지…

CUT TO:

부엌에 연기가 가득 차 있고 수홍이 달려 나와 타고 있는 냄비를 집으려 하다 손을 덴다.

수홍   아. 뭐야! 앗 뜨거! 아 쓰… 아, 엄마, 치매야?!

어쩔 줄 모르는 어머니의 모습.

CUT TO:

현동이와 춘삼 할아버지의 리어카에 타 버린 냄비를 쏟아붓는 수홍.

현동   우와, 고물이다!
수홍   여기 이런 거 다 가져가세요.
현동   고물 비행기.

CUT TO:

가전 코너에서 밥솥을 고르고 있는 자홍.

CUT TO:

소방서 창고에 밥솥을 넣고 문을 닫는 자홍.

CUT TO:

자홍   (off) 그런데 그거 아세요? 요샌 신기하게 누룽지를 만들어 주는 밥솥도 있다는 거? 선물로 드리려고 소방서 창고에 보관해 놨는데, 그걸 꼭 전해 드리고 싶어요.

덕춘   정말요? 어머니께 전해 드리고 싶은 게 정말 누룽지 밥솥뿐이에요?

앞서 걷고 있던 해원맥이 한심하다는 듯 웃는다.

해원맥   참 내… 누룽지 밥솥.

덕춘   아니면, 그 안에 있는 편지에요? 아직 하나 남아 있잖아요. 어머니께 못 전해 드린 거짓이 아닌 마지막 편지… 한 통…

CUT TO:

밥솥 안에 편지를 넣는 자홍의 모습.

CUT TO:

덕춘의 질문에 허를 찔린 듯한 자홍의 표정. 그때 뒤에서 강림의 목소리가 들린다.

강림   김자홍 씨!

차원문이 열리며 강림의 모습이 보인다. 기대에 찬 자홍의 눈빛.

강림   어머니는 무사히 잘 지내고 계십니다.

환하게 밝아지는 자홍의 얼굴.

자홍   아! 차사님! 감사합니다! 고맙습니다, 차사님!

덕춘을 끌어안고 기뻐하던 자홍이 문득 생각난 듯 강림에게 묻는다.

자홍   수… 수홍이! 제 동생… 수홍이는요?
강림   아주 건강하게, 군 생활 잘하고 있습니다.
자홍   아, 고맙습니다! 고맙습니다! 아이고, 고맙습… (해원맥과
           포옹하려) 죄송합니다.

자홍은 어찌나 기쁜지 멀리 서 있던 귀왕대들에게까지 가서 인사를
건넨다.
이를 지켜보던 강림이 차사들에게 가까이 오라는 손짓을 한다.

강림   차사들은 잘 들어라. 동생 김수홍은 사망해서 원귀가 되
           었다. 어디서 어떻게 죽었는지는 지금 조사 중이고, 시체
           는 발견 즉시 소각시키겠지만… 원귀가 소멸되지 않는

한 김자홍의 재판은 계속해서 위험에 처하게 될…

덕춘   거짓지옥 앞에서… 거짓말하신 거네요.

쓸쓸해하는 덕춘, 강림 역시 착잡해 보인다.

해원맥   야, 사실을 알게 되면 재판이 제대로 진행이 되겠냐? 난
         아주 깊숙이 이해가 되는데? 대장이 왜 저러는지.
강림   지금 이 순간부터, 김수홍은 머릿속에서 지워. 어차피 소
         멸될 운명이니까.
해원맥   아 제발, 제발 좀 빨리만 좀. 예? 대장 내려가고 여기 3일
         이나 지났어…

강림, 듣기 싫었는지 차원문을 그냥 닫아 버린다.
사라진 차원문 너머로 경계초소가 보인다. 그리고 시간이 거꾸로
흐르기 시작한다.

CUT TO:

56. EXT. 군부대 초소(플래시 백)

K2 소총을 메고 경계 근무 중인 수홍과 원 일병. 폭우가 내리고

있다.

버릇처럼 팔짱을 끼고 생각에 잠겨 엄지손가락을 입에 물고 있는 수홍, '깔딱 깔딱'거리는 소리에 원 일병을 쳐다본다. 뭐가 불안한지 소총의 조정간을 눌렀다 뗐다를 반복하고 있는 원 일병.
강림은 이들을 조용히 지켜본다.

수홍   하아… 괜찮다고 임마. 걱정하지 말라고. 제대해도 가끔
         면회 온다니까. 선임들이 괴롭히면 바로 얘기해! 박 중위
         한테.

곧 울 듯한 얼굴의 원 일병, 변명하듯 답한다.

원 일병   그것 때문에 그러는 게 아닌데 말입니다. 병장님 형님께
         서 돌아가셨지 말입니다. 참고 계시는 거 보니까, 제 속
         이 너무 상해서 말입니다.

수홍, 원 일병의 마음 씀씀이가 고마운지 잠시 그를 바라보다 차분
하게 말한다.

수홍   동연아.
원 일병   일병! 원 동 연!
수홍   지나간 일에, 새로운 눈물을 낭비하지 말자. 죽은 우리
         형이 해 준 말이다. 자식아. 그러니까 너도 질질 짜고 그

러지 마. 나도 우리 형 잊을 거야 이제, 씨…

살짝 눈시울을 훔치는 수홍.

원 일병   병장님…

자신을 위로하는 원 일병이 기특한 수홍은 원 일병의 머리를 툭 치고는 안아 준다. 그런 그의 코앞에 원 일병의 소총 총구가 닿을 뻔한다.

수홍   아우 씨… 야, 야. 총 똑바로 메야지.
원 일병   죄, 죄송합니다!

당황한 원 일병이 소총을 황급히 다시 파지하려는 순간, 총구가 앞으로 향하며 격발되고 만다. 충격으로 뒤로 밀려나는 수홍과 이 광경에 눈을 질끈 감는 강림.

수홍   뭐야…
원 일병   으아아… 으아아아아! 으어… 헉… 헉.
수홍   동연아, 이거 뭐냐?
            야… 야, 여기 왜 이렇게 뜨겁냐?
원 일병   이… 이게 아닌데. 이거 어떡해… 병장님!

수홍의 가슴팍에서 피가 뿜어져 나온다. 벽에 기대 주저앉아 버리는 수홍. 가쁜 숨을 몰아쉬며 간신히 원 일병에게 외친다.

수홍   동연아… 무전 쳐, 무전… 박 중위한테 무전 쳐. 다른 애
들은 알지 못하게… 박 중위만 불러라. 동연아… 박 중
위한테 무전 치라고… 동연아.

거의 정신이 나간 듯한 원 일병이 황급히 무전기를 집어 들고 연락을 취한다. 착잡한 얼굴로 이 모든 것을 지켜보고 있는 강림.

CUT TO:

불의 지옥

57. EXT. 한빙협곡(불의지옥). 낮

거짓지옥을 뒤로 하고 빙하와 설원으로 이루어진 한빙협곡을 걷고 있는 자홍과 차사 일행.
가족이 무사하다는 소식에 기분이 들뜬 자홍과 대조적으로 덕춘의 표정이 어둡다. 분위기를 띄우려는지 해원맥이 자홍을 치켜세운다.

해원맥　좋.아 좋.아! 아! 신나! 김자홍 씨! 자 다음은 불의 지옥. 살아생전 정의롭지 못한 자들을 심판하는 곳인데! 우리 이제 딱 절반 남은 거야, 아저씨.

자홍　일곱 지옥에서 세 개 통과했는데, 절반을 넘은 겁니까?

해원맥　아저씨는 무사통과 대상이니까.

억지로 덕춘의 손을 잡고 엄지손가락을 치켜세우는 해원맥.

덕춘　아 그… 정의롭지 못한 사람의 죄를 묻는 지옥이기 때문에 김자홍 씨처럼 정의로운 망자로 판명된 귀인들은 해당 사항이 없는 거죠.

수긍하는 표정의 자홍, 그와 동시에 들려 오는 거대한 파열음. 일행
들 고개를 돌려 보면 걸어온 뒤쪽 빙하가 무너져 내리고 있다.

자홍　　어머니도 수홍이도 무사한데… 왜 이러는 거죠?
해원맥　그러게… 참 궁금하네? 우리 함께 뛰면서 생각해 볼까?

해원맥, 일행을 끌고 달리기 시작한다. 그들의 뒤로 눈사태가 덮쳐
온다.

CUT TO:

빙하의 협곡 앞에 다다른 일행들, 그 끝을 가늠할 수 없게 연결된 낡
은 케이블카가 나타난다.

해원맥　빨리! 먼저 타!

해원맥, 덕춘과 자홍을 먼저 태우고는 케이블카가 이상 없는지 서
둘러 점검을 시작한다. 레버에서 불꽃이 튀고 케이블카가 움직이기
시작한다.

덕춘　　차사님! 차사님, 빨리요! 빨리 오세요!

해원맥   이 씨…

       (케이블카에 타며) 앞쪽으로 가! 빨리, 빨리!

아슬아슬하게 출발한 케이블카 뒤로 거대한 눈사태가 덮친다.

CUT TO:

58. EXT. 군부대 초소(플래시 백)사건 당일. 밤

숨 가쁘게 달려온 박 중위가 초소에 들이닥친다.
상황을 파악한 박 중위, 온 힘을 다해 미동이 없는 수홍을 깨우려고
한다.
그 옆에서 불안한 듯 안절부절못하고 초소 안을 누비고 있는 원
일병.

박 중위   수홍아, 수홍아! 수홍아, 왜 이래? 수홍아, 수… 수홍아.
원 일병   총이 나가버렸어… 그게 아닌데… 병장님… 몰랐어
        요… 난 몰랐어… 그게 아니야…
박 중위   수홍아, 안 돼… 눈 떠봐, 이 새끼야… 김수홍… 김수홍
        병장!
원 일병   중위님… 제가, 병장님 그냥 끌어안았는데요… 총…

총… 총이 나가버렸어요…

계속해서 심폐소생술을 해도 수홍이 반응이 없자 박 중위가 그의
가슴과 코에 귀를 대 본다. 사망을 직감한 박 중위가 고개를 떨구며
울음 섞인 한숨을 토해낸다.
순간, 고개를 숙이고 있던 박 중위의 시야에 떨어져 있는 탄피가 보
인다. 잠시 아무 말 없이 고민하는 박 중위, 탄피를 집어 자신의 주
머니에 넣는다.

박 중위   닦자.

강림, 놀라 박 중위를 쳐다본다. 하지만 박 중위의 말을 듣지 못했는
지 계속 횡설수설하고 있는 원 일병.

원 일병   그냥 안았는데… 몰랐는데…
박 중위   (갑자기 큰 소리로) 야 이 새끼야! 여기 피, 다 닦으라고!

깜짝 놀라 박 중위를 쳐다보는 원 일병. 순간 자신도 놀란 박 중위가
원 일병을 진정시키며 설득한다.

박 중위   아니야… 일단 옮기자. 들어, 동연아. 응? 응? 동연아, 나
　　　　　　봐봐. 괜찮아. 일부러 그런 거 아니잖아?
　　　　　　괜찮아. 괜찮으니깐… 내가 다 해결할 수 있어. 응? 자,

자! 이리 와서 들자. 들어, 빨리. 동연아, 응?

다음 달에 나 대위 진급이라고, 이 새끼야.

닦을 거… 피 닦을 거. 닦을 거 빨리 찾아. 자 이걸로, 여기랑 거기, 응? 빨리하자.

원 일병, 박 중위가 시키는 대로 쓰러진 수홍의 다리를 잡는다. 그런 그들의 모습을 지켜보던 강림이 갑자기 뭔가를 보았는지 움찔한다. 박 중위와 원 일병이 핏자국을 닦느라 분주한 사이, 한편에 치워져 있던 수홍이 미동을 한다.

조금씩 꿈틀대는 수홍의 손. 충격받은 강림의 얼굴.

FLASH BACK:

강림의 시점, 전쟁터로 보이는 공간, 병사들의 시체 속에서 누군가의 손이 꿈틀댄다.

SMASH CUT TO:

그 모습을 보고 큰 충격을 받은 강림, 동공이 확대된다.

이성을 잃은 듯한 강림이 비틀거리는 순간, '쾅' 파열음과 함께 강림이 알 수 없는 충격 때문에 초소의 벽을 뚫고 낭떠러지로 떨어진다.

CUT TO:

59. EXT. 한빙협곡 케이블카 안(불의지옥). 밤

갑자기 충격이 전해지며 흔들리는 케이블카.
해원맥이 덕춘과 자홍을 감싼다.

해원맥   대장!

CUT TO:

60. EXT. 한빙협곡 케이블카 안(불의지옥). 밤

절벽에서 서서히 떨어지며 기억 속으로 빠져들어 가는 강림.

CUT TO:

FLASH BACK:

갑옷을 입은 강림이 절박하게 어딘가로 달려가는 모습.

CUT TO:

61. INT. 한빙협곡 케이블카 안(불의지옥). 밤

케이블카를 타고 아찔한 높이에서 한빙협곡을 지나고 있는 차사 일
행과 자홍.

CUT TO:

까마득한 지상으로 보이는 웅장한 불의지옥의 모습과 함께 짐승의
울부짖음처럼 들려오는 괴상한 비명들이 차사 일행을 자극한다.

덕춘   형을 받고 집행 중인 망자들이에요. 남을 돕지 않았던…
           얼음처럼 차가운 마음을 벌하기 위해, 얼음 블록에 가둬
           놓죠… 십 년이고, 백 년이고.

INTER CUT TO:

불의지옥 내부, 망자가 들어간 얼음블록 안에 채워지는 물, 그 안에

서 버둥대던 망자가 순간적으로 급랭 되어 버린다. 이를 무심하게 지켜보는 오관대왕의 모습.

수많은 망자가 갇힌 얼음 블록들이 기계식 장치들에 의해 옮겨지며 비좁아진 불의지옥 형벌장을 가득 메워 버린다.

CUT TO:

해원맥   그중에서도… 불의지옥 최악의 범죄는 공소시효 만료로
             저승에 올라온 놈들이지… 자신의 욕망이나 이득 때문
             에 사실을 은폐한 놈들!

CUT TO:

62. EXT. 수홍 무덤가. 밤

폭우 속, 눈물 콧물 범벅이 되어 수홍을 묻고 있는 원 일병과 박 중위. 강림은 계속 이들의 동선을 추적하며 지켜본다.
원 일병, 차마 더는 못하겠는지 그대로 바닥에 주저앉아 버린다.

덕춘   (V.O.) 저승엔, 공소시효란 게 없거든요. 이승에서 한 번

지은 죄는 절대 소멸되지 않죠.

원 일병   김 병장님 어떡해요… 중위님… 나 못하겠어요! 중위
          님! 으아아아!

해원맥   (V.O.) 죄라는 게… 입 다물고 시간 보낸다고 사라지나.
          감추고 숨겨 온 시간만큼 저승 와서 받게 될 형벌만 더
          드라마틱해지는 거지…

박 중위, 야삽을 집어 던지고 패닉 상태의 원 일병의 뺨을 때리며 정
신 차릴 것을 종용한다.

원 일병   흐어어어어!

박 중위   못 해? 너 사람 죽인 거야, 임마!
          내가 왜 네가 벌인 일에 말려야 되냐고! 수홍이도 이해
          해 줄 거야, 임마! 수홍이가 생전에 널 얼마나 아꼈는데!
          수홍이도 이해해 줄 거라고!

SMASH CUT TO:

63. EXT. 자홍의 집 마당. 낮

헌병장교와 통역사병이 대문 앞에 서 있는 어머니에게 수화로 무엇
인가를 전하고 있다.

헌병대원 아드님이 어젯밤 군대에서 탈영했습니다. 잠시 집안 수
색을 하겠습니다. 혹시 연락 없었습니까? 다시 한번 말
씀드립니다. 아드님이 어젯밤 군대에서 탈영을 했습니
다. 잠시 집안 수색을 실시하겠습니다. 혹시 연락 없었습
니까?

소식을 들은 어머니가 땅바닥에 맥없이 주저앉는다.

CUT TO:

FLASH BACK:

관을 부여잡고 울고 있는 여인의 모습. 그 모습을 지켜보는 강림의
초췌한 얼굴.

CUT TO:

망연자실한 어머니의 모습을 멀리서 지켜보는 강림, 무언가를 다짐

한 듯 사라진다.

CUT TO:

64. EXT. 수홍 무덤가. 낮

강림, 무릎을 꿇고 앉아 수홍이 묻힌 곳을 파내고 있다.

CUT TO:

배신지옥

65. EXT. 천지경(배신지옥). 낮

차사 일행과 자홍을 태운 케이블카가 서서히 선착장으로 내려가고 있다. 거울처럼 모든 걸 반사하는 천지경의 풍경이 압도적이다. 해원맥은 소식 없는 강림이 불만인지 혼잣말로 툴툴댄다.

해원맥   대장은 진짜 씨… 뭐 하고 있는 거야? 씨…

천지경의 풍경을 여유롭게 감상하던 자홍이 문득 무엇인가를 떠올렸는지 미소를 짓는다.

자홍   어렸을 때 말이에요… 수홍이 녀석이 남산에 케이블카 타러 가자고 그렇게 엄마를 졸랐거든요.

해원맥   (중얼거림) 케이블카? 미쳐, 아오.

자홍   참… 그때 철없이 조르던 그 녀석을 얼마나 혼내고 싶던지…

덕춘   부러워요, 김자홍 씨.

자홍   네?

덕춘   우린… 그런 기억이 없거든요.

해원맥   야!

쓸데없는 소리 한다는 표정으로 덕춘을 노려보는 해원맥.

덕춘   어디서 뭘 하다 죽었는지… 하나도 몰라요. 천 년 동안
         망자들 따라다니면서… 그게 제일 부러웠거든요.

자홍   세 분 다… 기억이 없으세요?

덕춘   강림 차사님은 빼구요. 여기 해원맥님이랑 미천한 전…
         아무 기억이 없죠. 기억을 갖고 싶은데…

짜증이 나기 시작하는 해원맥.

해원맥   아주 고해성사를 해라. 응? 그만하지?

덕춘   망자들 얘기를 들어 보면… 재밌는 사실이 하나 있어요.
         아무리 고통스러운 기억도 지금 김자홍 씨처럼 저승 와
         서 말할 때 보면… 다 예쁜 추억이 되어 있어요. 지금 이
         곳처럼요… 예쁘죠?

마침내 해원맥이 폭발한다.

해원맥   야, 이덕춘! 이뻐? 지금 여기가 어떻게 네 눈엔 이뻐 보일

수가 있을까? 여기 지옥이야! 아저씨도 이뻐서 좋아? 아
저씨 동생도 좋아하겠네? 케이블카 좋아하면… 아. 걔는
원귀랬지? 원귀는 죽어도 저승에 못 올라 오…

해원맥의 망언에 덕춘, 얼굴을 가리고 고개를 묻어 버린다. 그제야
해원맥도 상황을 파악하고 아차 하는 표정을 짓지만 이미 늦었다.

자홍   뭐라고 그랬어요, 지금?
해원맥   아 몰라!

자신에게 화가 난 해원맥은 괜히 말이 더 거칠어진다.

해원맥   아저씨 동생 죽었대! 어? 원귀래! 저승이 이렇게 홀딱 뒤
집어진 것도 걔 때문이고!

자홍, 충격을 받았는지 그대로 뒤로 주저앉아 버린다. 순간, 큰 충격
이 가해지는 케이블카.

CUT TO:

66. EXT. 수홍 무덤가. 낮

계속해서 땅을 파고 있는 강림. 수홍의 사체를 덮은 판초 우의가 보이기 시작한다.

CUT TO:

67. EXT. 천지경(배신지옥). 낮

'쿵' 하는 굉음과 함께 케이블 하나가 끊어져 버린다. 곧이어 중심을 잃은 케이블카가 수직으로 세워진다.
걸쇠가 빠지며 열려 버린 한쪽 문으로 튕겨 나간 덕춘을 해원맥이 간신히 붙잡는다.

해원맥　내가 이래서 이승에 손대는 거 아니라 그랬지⋯

그때 나머지 걸쇠마저 빠지고 해원맥까지 매달려 버린다.

덕춘　꺄악!

해원맥　꽉 잡아! 아저씨! 아, 가만히 있어! 움직이지 마! 움직이지 마!

(아예 문이 떨어지려 하자) 오오! 호오오!

점점 더 위태해지는 순간, 자홍이 케이블카에 감겨 있던 로프를 이용해 그들을 향해 내려간다.
그런 자홍을 놀란 눈으로 바라보는 해원맥. 자홍이 손을 내민다.

자홍 빨리 잡아요! 이제 어머니 곁엔 아무도 없는 거예요! 동생도 없는 거니까! 내가… 내가 갈게요! 그래서! 꼭 어머니를 만나겠어요!
그러니 절 좀 도와주세요! 부탁드립니다! 빨리 잡아요!

그러나 남은 손이 없어 갑갑한 해원맥.

해원맥 뭐라는 거야? 아내가 어떻게 잡아! 팔이 두 갠데…
(덕춘을 가리키며) 이거! 이거! 얘를 잡으라고! 으아아아!

덕춘을 잡은 손을 스윙하여 자홍에게 넘겨 주려는 해원맥. 덕춘이 마침내 자홍의 손을 잡는다.

CUT TO:

68. EXT. 수홍 무덤가. 낮

강림에 의해 거의 다 파헤쳐진 수홍의 무덤. 그때, 누군가가 뒤에서 지켜 보고 있음을 느끼는 강림. 어이없다는 표정으로 해원맥이 서 있다.

해원맥   이승에 손대는 게 아주 습관이 되셨네… 취미생활…
          그 불태우라는 원귀놈 시체는 파내서 뭐 하시려고? 염해
          주시려고?
          아님, 김수홍 여기 묻혔다. 알려주시려고?

강림, 대꾸 없이 계속 흙을 파내다 묻혀 있던 판초 우의가 드러나자 그제야 몸을 돌려 해원맥을 바라본다.

강림   애 어머니… 아무것도 모르고 평생 찾아 헤맬, 애 어머
          니… 제사만이라도 지내게 해 주자.

다시 무덤 쪽으로 등을 돌리는 강림.

해원맥   제사? 제사는 지금 우리가 치르게 생겼어…
          형제가 한꺼번에 다 죽어서 홀로 남은 엄마가 그렇게 불
          쌍해요? 대장 지금 라이언 일병 구하기 찍습니까?

해원맥, 손에서 불길을 일으킨다. 놀란 강림이 해원맥을 노려보더니 사인검을 소환한다.

해원맥　　태웁시다!

잠시 사인검을 바라보던 해원맥이 불길을 수홍의 무덤가로 격발시킨다. 강림, 재빨리 사인검을 뽑아 불길을 막아낸다. 그러자 계속해서 불길을 격발하며 강림에게 다가가는 해원맥. 강림도 질세라 사인검을 휘두르며 해원맥에게 다가간다.

해원맥　　저승형법 8조 2항! 원귀는 소멸시켜야 하며, 그 시체는
　　　　　　발견 즉시 소각시킨다!

마침내 서로의 코앞까지 다가온 두 사람. 강림의 사인검이 해원맥의 얼굴을 향한다.

해원맥　　지금 저승법을 어기는 겁니까?
강림　　　넌 내 명령을 어기고 있는 거고.

그 순간, 강림의 사인검이 부르르 떨리기 시작한다.

강림　　　당장 올라가. 원귀는 내가 잡는다.

군부대 방향으로 순식간에 사라져 버리는 강림. 남겨진 해원맥의
표정이 일그러진다.

CUT TO:

69. INT. 박 중위의 소대장실. 낮

원 일병과 마주하며 통화를 하는 박 중위. 오한을 느끼는지 몸을 떠
는 원 일병, 손가락들을 비비며 불안한 증세를 보인다.

박 중위   네. 기무사에 강림이란 중령은 안 계신다구요? 감찰을
          내보내신 적도 없으시다고요?
          아, 예! 잘 알겠습니다. 감사합니다. 충성! (전화 끊고) 하,
          미치겠네. 귀신이야, 뭐야?

고개를 절레절레 흔들며 서랍에서 봉투를 꺼내 원 일병에게 건네는
박 중위.

박 중위   안 되겠어. 일단 3일짜리 휴가 끊어 줄게. 여기 돈도 좀
          넣어 놨으니까, 밖에 나가서 바람 좀 쐬고 와.
원 일병   전 괜찮습니다.

화가 나는 박 중위, 원 일병을 잡아끌어 벽에 걸린 거울 앞에 세운다.

박 중위   괜찮아? 너 지금 이게 사람 얼굴이야?
           응? 왜 이렇게 떨어. 너 아직도 추운 거야?
           너 이렇게 심약한 상태로 임마… 이러다 진짜 취조라도
           당하면? 응? 얼굴 봐… 얼굴 봐봐! 응?

거울을 통해 본 원 일병의 모습, 그의 바로 뒤에 원귀 수홍이 붙어 목을 조르고 있다. 오한이 나는지 계속해서 몸을 떠는 원 일병,

그 순간, 인기척을 느낀 원귀 수홍이 황급히 몸을 피한다. 원귀가 나간 반대 방향으로 들어오는 차사 상태의 강림. 주변을 돌아보지만, 원귀는 더는 이곳에 존재하지 않는다.

박 중위   동연아. 휴가 나가서… 며칠 잘 생각해 봐. 우리 강해져
           야 된다! 부탁할게.

그제야 가쁜 숨을 몰아쉬는 원 일병, 두려운 얼굴로 박 중위를 바라보며,

CUT TO:

70. EXT. 천지경(배신지옥). 낮

거울처럼 모든 것을 반사하는 천지경을 걷고 있는 차사들과 자홍.

덕춘   여기는 천지경이라는 곳인데, 여길 지나면 거울로 이루
         어진 배신지옥이 나와요. 그곳에서는 타인의 믿음을 져
         버렸던 망자들을 거울에 가둬 놓고 파괴해 버리죠.

INTER CUT TO:

거울에 갇힌 망자, 발버둥 쳐보지만 이내 거울 채로 산산이 부서지
며 흩어져 버린다. 이를 차갑게 지켜보는 송제대왕의 모습.

CUT TO:

덕춘   배신지옥을 관장하시는 송제대왕님은 눈부시게 아름다
         운 분이세요. 그리고 그 모습처럼, 비록 배신이라 하더라
         도 아름다운 배신만큼은 유일하게 용서해 주세요.
         아름다운 배신이란, 타인을 배신했다 하더라도 그것이
         이기적인 마음에서가 아니라 더 큰 정의나 사회적 가치
         를 위한 양심적인 배신이었을 때를 말해요. 그래서 정의
         로운 삶을 살았던 김자홍 씨는 이곳을 재판 없이 그냥 통
         과하시는 거고요.

CUT TO:

수많은 인파로 북적이는 도심, 사복 차림의 원 일병이 정처 없이 걷고 있다. 그의 뒤를 쫓는 강림, 원귀 수홍이 나타날 것을 예견하는지 끊임없이 주변을 살피며 원 일병의 뒤를 쫓는다.

CUT TO:

71. INT. 클럽. 밤

어디서 술을 퍼마셨는지 만취한 원 일병이 사람들 틈에서 막춤을 추며 소리를 지른다. 그런 원 일병을 부스에 기댄 채 태연히 바라보고 있는 강림.

CUT TO:

강림, 문득 천장을 바라보는데 위장하고 있었던 원귀 수홍, 원 일병의 머리 위에 매달린 조명기를 떨어뜨리려는 듯 세차게 흔들고 있다. 그러다 눈이 마주치는 원귀 수홍과 강림. 재빨리 도주를 시작하는 원귀를 강림이 쫓기 시작한다.

SMASH CUT TO:

72. EXT. 월드타워. 밤

도심 빌딩 숲을 물성을 이용해 광속으로 유영하며 도주하는 수홍.
강림, 순간 이동하여 수홍과 월드타워 빌딩 상공에서 몸싸움을 벌
인다. 수홍에게 밀려 추락하는 순간 차원문을 열어 빌딩 꼭대기로
이동한 강림은 빌딩 면을 타고 올라오는 수홍을 기다렸다가 오라를
격발시켜 그를 빌딩 옥상에 결박하는 데에 성공한다.
강림, 사인검을 수홍에게 겨눈다.

강림	이승과 저승을 어지럽히는 너의 부질없는 원한을 버리고, 복수를 포기해라! 그렇게 한다면 널 법정에 세워 널 끝까지 변호해 다음 생을 기약할 수 있게 해 주겠다!
수홍	다음 생이 뭔데? 그리고 내가 왜 그렇게 해야 하는데?
강림	너로 인해 너의 형이 위험해졌다.
수홍	하? 형? 나한테 그런 게 있었나? 내가 왜 15년 전에 집 나간 인간을 걱정해야 하는데? 그것도 죽어서 돌아온 놈을?
강림	난 네가 그날 겪은 너의 분노와 원한을 다 이해한다.
수홍	하하하.

강림   그러니까 이제 그만해.

수홍   네가 그걸 어떻게 알아? 나는 그날 죽지 않았어! 산 채로
        묻혀 있었다구! 하루 동안이나 살아 있었던 그 고통을,
        네가 어떻게 이해해?!

FLASH BACK:

수홍의 무덤가, 수홍, 판초 우의의 조그만 틈을 이용해 숨이 막히는
지 공간을 좀 더 확보해 보려고 안간힘을 쓰고 있다.

CUT TO:

강림, 수홍의 기억과 자신의 기억이 일치하는지 힘겨워하며 고개를
흔든다.

FLASH BACK:

폐허가 된 전쟁터, 누군가의 손이 시쳇더미 속에서 빠져 나와 구원
의 손길을 요청한다.

강림   아버지… 흐윽… 아버지!

CUT TO:

수홍   그 숨 막히고! 축축한 그곳에서! 살려 달라고!

강림   살려 달라고… 처절하고 고통스럽게 소리쳤겠지… 내 아버지처럼. 하지만 그들은 듣지 못했다… 네가 죽었다고 생각했으니까.

FLASH BACK:

칠흑 같은 무덤 속, 이제 포기를 한 듯, 힘없이 흐느끼는 수홍.

수홍   흑흑… 엄마… 흑… 자홍아…

CUT TO:

수홍, 월드타워 첨탑 기둥에 손을 얹어 전기를 발생시킨다. 순식간에 도시 전체에 정전이 시작된다. 위기를 느낀 강림이 다시 사인검을 겨눈다.

수홍   그래서 내 원혼을 달래 주겠다고? 아니, 사양할게! 넌 몰라! 그놈들은 그날, 내 믿음과 희망을 묻어 버린 거야! 날 배신한 거라고!

고통스러워하는 강림, 그의 사인검이 심하게 요동치기 시작한다. 붉게 물들기 시작하는 첨탑. '펑' 하는 폭발음과 함께 달구어졌던 첨

탑이 폭발한다. 그 충격과 함께 하염없이 날아가 버리는 강림.

CUT TO:

73. INT. 박 중위의 집. 밤

고뇌에 빠져 있던 박 중위, 벨 소리가 들리자 깜짝 놀란다. 문을 열자 원 일병이 서 있다.
원 일병과 베란다에서 얘기 중인 박 중위.

박 중위　그래서 지금 나… 배신하겠다고? 응?
원 일병　잘 해 주시던 기억밖에 안 나서… 너무 힘듭니다.
박 중위　내가 왜 네가 벌인 일에 말려야 되는데… 응? 응?

답답한지 연신 담배만 피우는 박 중위. 흐느끼는 원 일병. 그리고 원귀 수홍이 공중에 떠서 이 모습을 바라보고 있다. 원 일병을 측은하게 바라보는 수홍의 모습.

CUT TO:

74. EXT. 진공심혈로 가는 길. 낮

차사들보다 앞서 걷고 있는 자홍과 저승에 올라와 함께 걷고 있는 강림.

해원맥   대장 왜 올라왔어? 원귀 잡아야지.
            (자홍이 돌아보자) 아, 가! 가! 가!

강림   김자홍 씨, 고등학교 졸업하고 15년 동안 한 번도 어머니 집을 방문하지 않았어.

해원맥   세상에 둘도 없는 효자라면서?

덕춘   그럼, 그렇게 고생해서 돈만 부쳐드렸던 거예요?

해원맥   아 몰라! 대장 내려가서 원귀부터 소멸시켜요. 빨리. 이러다가 시간 안에 죽든가, 아니면 악귀한테 당하든가. 우리까지 소멸될 수 있다니까요?
            (자홍을 보고) 아이 깜짝이야! 씨… 증말.

어느새 차사들 앞에 와 무릎을 꿇고 앉은 자홍.

자홍   부탁드립니다. 제 동생을 소멸시키지 말아 주세요.

해원맥   아주 그냥 죽은 사람을 살려 달라 그래.

자홍   그게… 그게 가능하면, 그럼 살려주십시오!

강림   김자홍 씨. 저에게 가능한 일은 죽은 사람을 저승에 데려오고, 원귀는 소멸시키는 일입니다.

자홍, 강림의 다리를 붙잡고 울부짖는다.

자홍   안 돼요! 안 돼요! 살려주십시오!
　　　　당신들은 해 줄 수 있잖아요! 안 돼요…
　　　　살려주십시오… 제 동생을… 살려주십시오…

착잡하게 이 모습을 보는 덕춘과 굳은 강림의 얼굴.

CUT TO:

75. EXT. 자홍의 집 앞. 밤

연리동 좁은 골목길을 걷고 있는 자홍의 어머니.
어머니가 집 안으로 들어가려고 하는 순간, 문 앞에 서 있는 원 일병
을 발견한다. 기억을 더듬어 보지만, 원 일병을 처음 보는 얼굴인 듯
갸웃하는 어머니. 원 일병, 어머니에게 인사를 하더니 들고 있던 소
주를 들이켠다.
어머니, 취객으로 생각했는지 문을 열고 들어가 버린다. 원 일병, 들
고 있던 종이 뭉치를 냅다 담벼락 안으로 집어 던지고, 언덕 밑으로
노래를 하며 달려 내려간다.

원 일병　나 때문에. 절망이다. 관심사병 원동연.

그 모습을 지켜보던 차사 강림이 서둘러 원 일병의 뒤를 쫓는다.

CUT TO:

떨어진 종이 뭉치를 들어 올리는 어머니. 종이를 펴 보니 특정 위치
가 붉은색 펜으로 마크가 되어 있는 훈련용 산악지도이다. 의아한
표정의 어머니 뒤에 서 있는 원귀 수홍의 모습이 드러난다.

CUT TO:

폭력지옥

76. EXT. 진공심혈 입구(폭력지옥). 낮

수직으로 깊게 파인 엄청난 크기의 싱크홀 앞에 서 있는 자홍과 차사들. 싱크홀 안은 중력이 작용하지 않는 듯 크고 작은 바위들이 여기저기 부유하고 있다.

덕춘   이곳은 폭력의 지옥으로 통하는 진공심혈이라는 곳이에요. 망자의 죄질에 따라 깊이가 결정되죠. 김자홍 씬 귀인이니까 금방 도착할 거예요.

해원맥   제발… 아저씨 재판 때 보니까 홍수에 떠내려가는 개돼지도 잘 구하더만. 겁먹지 맙시다! 거기보단 쉬운 데니깐.

그리고 쟨 뛰어내리자마자 눈 감고 아저씨 기소내용 살필 거니까

(자홍 말 막으며) 말 걸지 말고.

그래도 궁금한 게 있으면 그냥 가! 제발… .

해원맥, 자홍을 싱크홀 안으로 냅다 밀어 버린다.

자홍 어어! 으어어어어.

해원맥 (덕춘에게) 시작해.

뒤따라 다이빙을 하는 해원맥, 그 뒤를 눈을 감으며 다이빙하는 덕춘.

CUT TO:

77. INT. 군부대 창고. 밤

원 일병의 노랫소리가 구슬피 울려 퍼지는 7종 창고.

원 일병 김 병장님. 성난 얼굴. 모든 것이 두렵다. 나 때문에 절망
이다. 관심사병 원동연. 친구들아. 자대 가면. 선임 나인.
묻지 마… 흑

CUT TO:

원 일병, '원 일병의 편지'를 부르며 높은 위치에 올라 창고 천장 틀
에 목을 매려는 의식을 거행하고 있다.

CUT TO:

원 일병의 어설픈 자살 준비 의식을 말없이 지켜보는 강림.

CUT TO:

처량하고도 불쌍한 원 일병, 가끔 목이 메는지 부르던 노래가 중간 중간 잠긴다. 하지만, 이를 악물고 끝까지 자신의 목에 줄 거는 데 성공하는 원 일병, 이윽고 미련 없이 발밑의 드럼통을 차서 쓰러뜨린다.

원 일병　꺼억… 크으윽… 꺽.

거친 숨을 토하며 고통스럽게 죽어가는 원 일병. 무표정하게 쳐다보던 강림의 얼굴에 미묘한 감정이 스치지만, 그는 개입할 수가 없다. 그의 뒤에 어느새 나타난 수홍.

수홍　저 병신 같은 놈 좀 구해 줘라.
강림　차사는 이승의 일에 개입할 수 없다.
수홍　도망치지 않을게. 다시는.
강림　물리적인 일에는 더더욱 더 금기시되어 있으며…
수홍　저 병신같은 놈 좀 구해 달라고! 제발!

강림, 사인검을 뽑아 수홍에게 겨눈다.

수홍   네가 원하는 대로 다 할게. 약속한다. 그게 뭐든지.

강림, 생각이 깊어진다. 곧, 판단을 마친 강림이 오라를 날려 원 일
병의 목에 감긴 줄을 끊어 버린다. 바닥에 떨어지며 드럼통 무더기
와 함께 구르는 원 일병.

CUT TO:

78. EXT. 진공심혈(폭력지옥). 밤

무중력의 공간에서 갑자기 중력이 발생했는지 엄청난 속도로 추락
하는 차사들과 자홍.

CUT TO:

시소바위 위에 떨어져 미끄러지던 자홍의 건너편에 덕춘을 안은 채
해원맥이 착지한다. 숨을 몰아쉬며 불평을 쏟아내는 해원맥.

해원맥   여기서 질문! 왜 이런 현상이 생기는 걸까? 이건 위대하

신 우리 강림 차사님께서 절대로 해서는 안 될! 인간사
에 치명적인 개입을 했다는 거야!

(자홍이 자기 쪽으로 미끄러져 내려오자) 아. 오지 마. 안 돼!

자홍   으아아아아.

해원맥   안 된다고!

결국, 미끄러진 자홍과 부딪혀 해원맥, 덕춘 역시 다시 추락하기 시
작한다.

CUT TO:

79. INT. 군부대 창고. 밤

원귀 수홍, 바닥에 쓰러져 고통스러워하는 원 일병을 바라보고 있
다. 강림, 창고 내 유선전화로 통화를 하고 있다.

강림   (통화) 생명엔 지장 없습니다. 네, 부탁드리겠습니다.

(전화를 끊고 수홍에게) 가자. 구급차 온대.

원 일병을 바라보던 수홍이 다급하게 강림을 멈춰 세운다.

수홍	야야야, 거기 저 잠깐 서 봐. 하아… 내가 쟤한테 마지막
	으로 할 말이 좀 있는데… 네가 내 말을 좀 전달해 줬으
	면 한다.
강림	(생각해보니 열 받는 듯) 부탁하는 새끼가 반말이나 찍찍하
	고… 씨…
	아. 이 어린 놈의 새끼가 진짜.

갑자기 공손해지는 수홍, 비아냥인지 뭔지 알 수 없다. 존댓말과 함께 강림에게 인사까지 공손하게 한다.

수홍	네, 차사님. 부탁 좀… 드릴게요. 저는 차사님이 원하시
	는 대로 다 할 거예요. 앞으론 반말도 삼가겠습니다.
강림	흥.

CUT TO:

벽에 기대어 앉은 원 일병과 시선 높이를 맞추고 앉은 강림. 그의 뒤에 수홍이 있다.

수홍/강림 동연아. 나 김수홍 병장이다

원 일병, 강림의 얼굴을 보더니 고개를 흔들며 강하게 부정한다. 그것 보라는 듯 강림이 수홍을 바라본다.

강림   흠…

수홍, 안 되겠는지 강림 옆에 앉아 개사한 '원 일병의 편지'를 부르기 시작한다.

수홍   얼 때리며 육공 타고 자대 배치받던 날. 선임들에 둘러싸여 전입신고하던 때.

수홍, 그냥 보고만 있는 강림에게 같이 하라는 눈빛을 보낸다. 질색하는 강림. 그러나 수홍이 계속 노려보자 어쩔 수 없이 노래를 시작한다.

강림/수홍 가슴팍에 무엇인가 노란 배지 달더니 선임들의 성난 얼굴 모든 것이 두렵다. 나 때문에 절망이다.

겁에 질려 있던 원 일병이 어색한 가수 강림의 노래에 조금씩 반응을 한다.

원 일병   버… 병장님…? 병장님!

원 일병의 반응에 살짝 미소를 짓는 수홍.

CUT TO:

80. EXT. 진공심혈(폭력지옥). 밤

까마득한 나락으로 떨어지던 일행들. 해원맥의 시야에 엄청난 바위들이 경로를 막고 있다.

해원맥   덕춘이 잡아!

가까스로 무의식 상태의 덕춘을 잡는 자홍. 거대한 바위들을 쳐내며 경로를 만드는 해원맥.
그런 해원맥을 지나쳐 더욱 쏜살같이 하강하는 자홍과 덕춘. 그 순간, 자홍의 시야에 송곳 같은 종유석들의 무덤이 눈앞으로 다가온다.

해원맥   안 돼! 안 돼! 아저씨! 손! 잡아! 잡아, 잡아! 손! 손 잡아! 손! 빨리 이 씨!

뒤따라 내려가는 해원맥도 속수무책인 상황… 자홍, 자신의 몸을 뒤집어 덕춘을 위로 향하게 한다. 동시에 서서히 눈을 감는 자홍.

CUT TO:

81. INT. 군부대 창고. 밤

안정을 찾은 원 일병과 대화하고 있는 강림, 그리고 수홍.

강림 네가 어떻게 했다고? 다시 말해봐.

원 일병 잘못한 게… 없다.

수홍 그래. 넌 잘못한 게 없어.

강림 넌 잘못한 거 없어.

수홍/강림 우리 약속 하나 하자.

이제부턴

지금 이 시간부터는

다시는

다시는

지나간 슬픔에

새로운 눈물을 낭비하지 않겠다고

약속하자.

고개를 끄덕이는 원 일병에게 수홍이 미소를 지어 보인다.

CUT TO:

82. EXT. 진공심혈(폭력지옥). 밤

간발의 차이로 다시 중력이 없어진 진공심혈. 송곳 바위 바로 위에 멈춰 부유하고 있는 덕춘과 그를 안고 있는 자홍.

자홍 (덕춘을 깨운다) 차사님…

해원맥이 위에서 내려오며 엄지를 치켜든다.

해원맥 이야. 대한민국 소방관들 다 어벤저스야! 괜찮냐, 이덕
춘?

힘겹게 눈을 뜨는 덕춘.

덕춘 차사님, 이번 재판에… 피해자가 있어요.
해원맥 피해자… ?

영문 모르는 자홍, 덕춘과 해원맥을 난감한 표정으로 바라본다.

CUT TO:

83. INT. 폭력지옥. 밤

어린아이의 비명이 울려 퍼지는 재판장 한가운데 업경, 돌로 이루어진 두 명의 남자 형상들이 뒤엉켜 있다. 자신의 바로 앞에서 싸우고 있는 두 명의 형상들을 바라보고 있는 자홍의 표정이 먹먹하다.

해원맥   이덕춘, 뭐냐고? 누굴 때린 거냐고 묻잖아.

대답 없이 멍하니 업경 만 보고 있는 덕춘. 불안한 표정으로 덕춘에게 고개를 돌리는 해원맥.

판관1   대왕님! 본 사건은! 피고 김자홍이 고등학교 시절! (휘청)
자신의 하나뿐인 동생 김수홍을 무차별적으로 폭행한 사건입니다. 뭐 형제들끼리 크면서 서로 다툴 수도 있는 거 아니냐고 생각하실 수도 있겠지만!
여기서 반드시 주목하셔야 할 점이 하나 있습니다!
그 당시 피고의 동생은 심각한 영양실조 상태로! 심신이 매우 연약한! 보호받아야 마땅한 병자라는 점에서! 본 사건의 죄질 자체가 매우 불순하다고 볼 수 있습니다!

신이 난 판관2, 이종격투기 중계를 보듯 섀도 모션으로 형상들의 행동을 따라 한다.

CUT TO:

앞에서 벌어지는 상황이 안타까운 자홍, 뒤엉킨 형상들 쪽으로 손을 내밀며 발걸음을 옮기는 순간, 재판장의 배경이 자홍의 집으로 바뀜과 동시에 형상들 역시 어린 시절의 실제 자홍과 수홍으로 변모한다. 어린 수홍을 구타하는 자홍의 폭행이 멈출 줄을 모른다.

어린 수홍 아아아! 형! 그만해! 하지 마! 으아아아, 형!
자홍　　하지 마… 안 돼. 자홍아, 그러지 마… 하지 마.

현재의 자홍이 고개를 돌려보면 의식이 없는 어머니가 방 한쪽에 누워 있다.

CUT TO:

84. EXT. 군부대 창고 앞. 밤

급히 도착한 의무대 구급차에서 의무병들이 내려 서둘러 창고 안으로 들어간다. 시차를 두고 내린 박 중위의 안색이 좋지 않다. 원귀 수홍과 차사 강림을 스쳐 지나가는 박 중위.

박 중위   내 이럴 줄 알았어. 무책임한 새끼가 끝까지…

박 중위의 뒷모습을 잠시 바라보던 수홍. 미련이 없어 보이는 듯 피식 웃고는 이내 시선을 돌린다.

수홍   갑시다.

원귀 수홍이 공중부양을 서서히 하자, 순식간에 강림의 오라가 격발되어 그의 몸을 묶어 땅으로 내던져 버린다.

수홍   아이 씨… 뭐야? 아이… 씨 안 도망가요. 약속했잖아요!
강림   닥치고 걸어. 네 육신부터 회복해야 하니깐.

수홍을 지나 성큼성큼 걸어가는 강림. 투덜대며 수홍이 몸을 일으킨다.

수홍   아유… 씨.

CUT TO:

85. INT. 폭력지옥. 밤

자홍의 집. 어린 자홍과 수홍이 떨어져 앉아 울고 있고, 그 옆에서 둘을 지켜보는 현재의 자홍. 좁은 방 안에 진광대왕과 판관2가 등장한다.

진광대왕 음… 이 재판이 재밌는 게… 지금 여 이 재판하고, 마지막 재판이 연관이 돼 있네. 피고가 용서를 받은 기록은 없나?

판관2 없습니다. 사건이 종료된 후! 가해자와 피해자는 일체의 사과나 용서도 없이. 이렇게 얼렁뚱땅! 유야무야! 흐지부지! 뻔뻔하게! 마무리된 것이 기록 전부임을 밝힙니다.

그 모습을 뒤에서 먹먹하게 지켜보는 자홍. 어린 형제의 모습이 돌로 만들어진 형상으로 바뀌며 배경 또한 폭력지옥으로 바뀌어 간다.
한숨을 쉬며 고개를 떨구는 해원맥. 덕춘, 정신 나간 표정으로 석조 형상들의 움직임을 보고 있는 자홍을 바라본다.

진광대왕 근데 이게 상식적으로 말이 되나? 같이 살았을 낀데…
판관2 아니요! 이 사건 이후! 집을 뛰쳐나온 피고 김자홍은 삶이 다하는 순간까지 무려 15년 동안 자신의 집에 돌아가지 않은 것으로 기록되어 있습니다.

빨리 뭐라도 하라는 듯 덕춘을 미는 해원맥.

덕춘   대왕님! 저, 존경하는 진광대왕님! 변론 시작해도 될까
요?

진광대왕   마 됐다! 변론은 무슨⋯ 용서도 몬 받고! 피해자도 확실
한데⋯ 치아라! 퍼뜩 구형해라!

자홍이 위치한 피고인석 바닥에 엉켜 있던 바위들이 순간적으로 다
무너져 내리며 지하에 있던 형벌장이 모습을 드러낸다. 감격스러운
표정으로 손을 맞잡는 판관1,2.

판관1   됐어!
판관2   드디어!

CUT TO:

수직으로 설계된 엄청난 깊이의 터널 같은 형벌장. 헤아릴 수 없이
많은 망자들이 무중력 상태로 떠다니며 휘몰아치는 돌덩이에 맞으
며 이리저리 서로 부딪히는 끔찍한 분위기.

CUT TO:

환호하는 판관들.

판관2　　하하하하.

해원맥　　덕춘아. 내가 생각한 걸 너한테 안 물어보고 바로 진행할
　　　　　게.

CUT TO:

수홍의 무덤가, 수홍에게 자신의 무덤으로 다시 들어가라고 하는
강림.

강림　　　빨리 들어가. 들어가!

그때, 강림의 뒤에서 차원문이 열리며 해원맥의 다급한 목소리가
들린다.

해원맥　　대장! 대장! 대장!

저승의 상황을 파악한 강림, 재빨리 덕춘에게 지시를 내린다.

강림　　　이덕춘!

덕춘　　　네, 월직차사 이덕춘!

강림　　　합산처벌 요청해.

강림의 명령에 당황한 해원맥.

해원맥   합… 합산처벌이라뇨.

자홍을 본 수홍, 형의 이름을 부른다.

수홍   어! 형이다! 야, 자홍아! 김자홍! 너 거기서 뭐해?!

강림, 파헤쳐진 무덤으로 수홍을 밀어 넣어 버린다.

수홍   아유!
강림   합산처벌 요청해!

강림의 지시에 당혹스러운 표정의 해원맥과 덕춘.

해원맥   아… 대장! 이쯤에서 그만합시다, 예?
(덕춘을 붙잡으며) 넌 가만 있어, 이덕춘! 응?
강림   이덕춘!
진광대왕   피고 김자홍에 대한 최종 판결을 시작합니다.

마침내 승기를 잡은 판관들이 감동에 겨워 서로를 격려한다.

판관2   됐어요!

판관1   수고했다!

그때 재판장 앞으로 뛰어나가는 덕춘.

해원맥   야, 덕춘아!
덕춘   대왕님!
            대왕님! 대왕님! 대왕님!
            피고 김자홍의 폭력에 대한 죄의 판결은… 다음 천륜지
            옥과 합산하여 처벌해 주시기를… 간청 드립니다.

해원맥, 덕춘의 돌발행동에 고개를 떨군다.

판관1/2   합산처벌… 푸하하… 푸흡…
진광대왕   (판관들에게) 너거는 우에 생각하노?
판관1   예! 차사가 요청한 합산처벌 재판이… 무엇을 의미하는
            지, 정확히 알고나 요청하는 것인지… 차사에게 묻고 싶
            습니다.

위험을 감수하는 도박에 덕춘의 목소리가 떨린다. 그런 덕춘을 안
타까운 눈으로 바라보는 자홍.

덕춘   연관된 천륜지옥에서… 피고가 무죄를 받지 못하면,
            피고는 두 개의 죄를 합산하여 가중 처벌됨과 동시에…

변호를 맡은 차사들은, 저승에서의 모든 자격을 박탈당하는 것으로 알고 있습니다.

판관2   우린 좋아요!

자홍, 미안한 마음에 결국 고개를 떨군다.

CUT TO:

86. EXT. 수홍의 무덤가. 아침

자신의 육신을 회복한 수홍이 군복 차림으로 서 있다. 그의 몸은 여전히 강림의 오라로 묶여 있다.

수홍   이제 저승 가나요?
강림   앞장 서. 부대 먼저 가자.

홀가분한 듯 밝은 표정으로 걸어 내려가며 콧노래를 부르는 수홍과 복잡한 표정의 강림.

CUT TO:

87. INT. 군부대 가는 버스. 아침

차창 밖에 보이는 한가로운 들판을 초점 없이 바라보는 어머니의 모습이 처연하다. 버스 안에는 휴가 복귀하는 사병들이 장난을 치는 모습이 보인다. 이를 복잡한 심경으로 바라보는 어머니.

복귀사병1 뭐라고? 이 새끼가⋯ 수빈아. 이 새끼⋯
복귀사병2 하하하⋯ 일병 이수빈.

아무 말 없이 계속 창밖을 응시하는 어머니.

CUT TO:

천륜지옥

88. EXT. 천고사막(천륜지옥). 낮

광활한 천고사막을 걷고 있는 자홍과 차사들.

해원맥   자, 마지막이야. 부모에게 지은 죄를 묻는 천륜지옥.
　　　　　이거 합산처벌이라고, 김자홍 씨.
　　　　　덕춘아, 정신 바짝 차리자 우리.

CUT TO:

89. EXT. 군부대 가는 산길. 아침

육신을 회복한 수홍과 함께 걸어 내려가고 있는 강림. 그들의 시야
에 수홍의 군부대가 서서히 모습을 드러낸다.

강림   일단 네가 있었던 생활관 주위를 세 번 돌고 갈 거야.
                망자의 마지막 위령제니까, 가서 쓸데없이…

수홍, 강림의 설명을 듣는지 마는지 입가에 실소가 터진다.

수홍   하이고… 바보 같은 놈. 하하하.

난데없는 수홍의 웃음에 강림이 인상을 쓴다.

수홍   아이, 진짜 그렇게 하지도 못할 게 겁은 많아가지고. 참.
                아니 아까 그 재판장에서 말이에요. 그때 형이 나 왜 때
                렸는지 모르죠?

듣고 싶지 않다는 듯 강림이 고개를 젓는다.

강림   응. 몰라… 빨리 가자. 마지막 재판 전까지 빨리 올라가
                야 돼.
수홍   아니 그날… 그날 자다 깨서 보니까… 형이 엄마 앞에서
                머뭇거리고 있더라고요. 그래서 내가 뭐 하냐고 물었죠.

FLASH BACK:

90. INT. 자홍의 집(플래시 백). 밤

방구석에 누워 있던 수홍의 시점으로 보이는 자홍의 뒷모습.

어린 수홍 뭐해, 형? 형, 뭐 하냐고? 형… 베개 들고 뭐해?

자홍의 손에 베개가 들려 있다

어린 수홍 형, 하지 마!

동생을 구석으로 밀쳐 버리는 어린 자홍.

어린 수홍 하지 말라고! 이게 뭐 하는 거야! 베개 들고 뭐 하는 거
　　　　　　　냐고!

베개를 들어 엄마의 얼굴을 누르려고 하는데 어린 수홍이 필사적으
로 자홍을 말린다. 자홍, 자신을 말리는 동생에게 주먹을 휘두르기
시작한다.

어린 수홍 아아아! 아 아파! 형! 때리지 마, 형!

SMASH CUT TO:

91. EXT. 천고사막(천륜지옥). 낮

전 신(scene)의 기소 내용을 본 덕춘이 깨어난다. 덕춘, 충격을 받은 듯 잠시 자신을 바라보는 자홍을 응시한다.

덕춘 동생을 때린 그날… 그날… 어머니를 살해하려고 했던 거예요?

해원맥 아. 그거야? 그거였어? 그래서 연관됐다 그랬구나? 그날 집에서 엄마를 살해하려고 했던 거야?
그래서 부모, 자식 간의 죄를 묻는 천륜지옥이 마지막…
아 그랬구나!

충격을 받은 덕춘이 눈시울을 붉히며 떨리는 목소리로 다그친다.

덕춘 대답해 보세요, 김자홍 씨! 그날… 어머니를 죽이려고 했던 거냐고요?

자홍 아니요… 모두 다요. 그날, 우리 가족… 다 같이 죽으려고 했어요. 우리 가족에겐 아무런 희망이 없었거든요.

CUT TO:

병원, 병실 침대에 누워있는 어머니를 배경으로 고개를 가로젓는 의사와 마주한 고등학생 자홍의 모습.

CUT TO:

자홍의 집, 방 한쪽 구석에 누워 잠을 자는 수홍. 그의 머리맡에 수면제 통들이 놓여 있다.

자홍   (V.O.) 먼저 가망 없는… 어머니를 먼저 돌아가시게 하고. 그러고 나서, 동생이랑 전 모아 놓은 수면제를 다 먹어버리려고 했었죠.

CUT TO:

연리동 골목, 가방을 멘 채, 대문 밖으로 울먹이며 뛰어나오는 고등학생 자홍의 모습.

CUT TO:

덕춘   그때 결심한 거예요? 그 죄책감 때문에 집을 떠나던 그 날… 김자홍 씨 목숨이 끊어지는 순간까지, 이승의 삶이 다할 때까지, 어머니와 동생을 위해 살겠다고? 그런 거예요?

말없이 덕춘을 바라보는 자홍, 고개를 숙인다. 해원맥, 절망적인 표정으로 고개를 젓는다.

해원맥   안 돼애애애… .

CUT TO:

92. EXT. 군부대 위병소. 아침

버스에서 내린 어머니가 위병소를 향해 걷고 있다. 휴가 뒤 복귀하는 병사들, 피켓을 목에 건 어머니의 모습을 의아하게 바라본다.

CUT TO:

군부대 뒤편에서 안으로 들어오고 있는 강림과 수홍.

강림   빨리 가자.
수홍   예 그럼요.

CUT TO:

"우리 아들은 탈영을 할 아이가 아닙니다" 등의 문구가 쓰인 팻말을 목에 걸고 위병소 앞으로 걸어오고 있는 어머니. 위병근무자들이 어머니를 발견하고 수근거린다.

위병근무자1	아… 또 왔어.
위병근무자2	야, 빨리 막아.
위병근무자1	뭐라고 합니까?
위병근무자2	일단 막아, 그냥.
	어머니 자꾸 찾아오시면 안 됩니다.
위병근무자1	맞습니다, 어머니. 지금 김수홍 병장 부대 내에 없습니다.
위병근무자2	어머니! 어머니, 들어오시면 안 됩니다! 어머니 이러시면 난처합니다. 저희!
위병근무자1	어머니! 어머니 제발 이러시면 안 됩니다.
위병소장	통신보안. 지금 김수홍 병장 어머니가 또 찾아오셔서 일단 제지했습니다. 그냥 돌려보냅니까?

어머니의 눈에 연병장에서 훈련 중인 병사들과 박 중위가 보인다. 눈을 크게 뜨며 위병소 문을 열어젖히고 안으로 달려가는 어머니.

위병근무자2	어머니, 그만하십시오.
위병근무자1	아악! 아아…
위병근무자2	어머니!
위병근무자1	어머니! 어머니!

연병장에 막 도착한 강림과 수홍의 눈에 이 광경이 목격된다.

수홍	어? 엄마?
위병소장	김수홍 병장 어머니 지금 연병장 들어가셨습니다!
위병근무자1.2	어머니! 그만하고 나오십시오!
수홍	아이… 여긴 또 왜 왔어.
위병근무자2	어쩔 거야… 강제로 끌어내?
위병근무자1	또 말 나옵니다. 그러면… 어쩝니까?
수홍	아이, 엄마 거 울지 마!

위병들이 나와 어머니를 제지해 보지만, 꼿꼿이 흔들리지 않으려
하는 어머니의 몸짓이 애처롭다. 서서히 어머니의 눈에 눈물이 흐
르기 시작한다. 훈련 중이던 사병들과 박 중위도 이 모습을 보고 얼
어붙은 듯 정적이 흐른다.

CUT TO:

93. EXT. 천고사막(천륜지옥). 낮

계속해서 사막을 걸으며 고백을 이어가는 자홍.

자홍	그렇게 떠났던 그날 이후론 차마 어머니께 갈 수가 없었
	습니다.

한 해 두 해, 그렇게 시간이 흘렀던 거고요.

덕춘 그래서 보고 싶을 때마다, 그 거짓말로 가득 찬 편지를 썼던 거고요.

자홍, 눈이 벌게져 말없이 고개를 끄덕인다.

CUT TO:

94. EXT. 군부대 연병장. 아침

박 중위가 참지 못하고 어머니에게 다가가 으름장을 놓는다.

박 중위 여기 들어오시면 안 됩니다. 나가세요. 나가시라고요.

이성을 잃고 거칠게 피켓을 뜯어 던져 버리는 박 중위. 어머니는 서러움과 두려움에 몸을 떤다. 이 광경을 보고 점점 분노하는 수홍.

수홍 뭐 하는 거야, 이 씨!

강림 김수홍! 소용없다. 아무 소용 없다고…

어머니는 마지막 간청을 하듯 품 안에서 산악지도를 꺼내 박 중위에게 보여 준다. 놀란 박 중위, 황급히 어머니에게서 산악지도를 빼앗는다. 수홍이 묻힌 곳이 표시된 지도를 펼쳐 보고는 경악하는 박 중위.

CUT TO:

95. EXT. 천고사막(천륜지옥). 낮

해원맥 나는 충분히 이해해!
의식 없는 엄마는 죽지도 않지. 동생 놈은 못 먹여서 영양실조 걸려. 그런데도 개뿔 도와주는 데는 한 군데도 없어요. 그래서, 고민 끝에 내린 결론이! 엄마 먼저 살해하고, 온 가족이 동반자살!

해원맥의 비아냥에 자홍과 덕춘의 표정이 굳는다.

덕춘 차사님.
해원맥 십구 년 만에 의인 같은 소리 하고 자빠졌네… ㅆ

이를 악물며 고개를 돌리던 해원맥에게 갑자기 칼이 날아온다. 재빨리 삼인창을 뽑아 방어해 낸 해원맥과 일행의 앞에서 지옥귀들이

솟아오르기 시작한다.

CUT TO:

96. EXT. 군부대 연병장. 아침

산악지도를 다시 빼앗으려고 하는 어머니와 실랑이를 벌이는 박 중
위. 필사적으로 발버둥 치는 어머니가 애처롭다.

박 중위　이거 어디서 구하셨어요… 예? 뭐해, 이 새끼들아! 빨리
　　　　　안 끌어내냐고!

박 중위의 외침에 황급히 달려와 어머니를 끌어내려는 병사들.

위병근무자1　아이고, 어머니 제가 여기 들어오면 안 된다 그랬
　　　　　　잖아요.

위병근무자2　어서 나가세요, 제발…

아무것도 하지 못하고 지켜볼 수밖에 없는 수홍이 점점 흥분하기
시작한다.

CUT TO:

97. EXT. 천고사막(천륜지옥). 낮

미친 듯이 모래지옥귀를 베어가는 자조의 신 해원맥이 애처롭다.

해원맥   그래, 와! 와라! 덕춘아! 우리 다시 시작하는 거야! 처음
부터! 그게 빨라! 너 알지? 알잖아?
처음부터 다시 시작하면 돼. 천년 혹 간다. 시간 무지 빨
리 가!
흐이 씨… 환생은 무슨… 꿈 깨자. 우린 저승이 잘 어울
려?

아예 멀리 달려나가며 정신 나간 듯 웃는 해원맥, 화풀이하듯 지옥
귀들을 두드려 팬다.

해원맥   하하하하하! 하하하하. 으하하하하!

CUT TO:

98. EXT. 군부대 연병장. 아침

자신을 잡아끄는 병사들을 뿌리치고 다시 박 중위에게 달려가는 어머니.

위병근무자1 아이고, 어머니!
위병근무자2 미치겠네!

박 중위를 붙잡고 나오지 않는 목소리로 절규하는 어머니가 처절하다. 어쩔 줄 몰랐던 박 중위가 결국 폭발한다.

박 중위 제발 이러지 마세요. 제발⋯ 어머니 아들은 탈영을 했다
    고요!

박 중위가 어머니를 거칠게 밀어 버리자 결국 혼절하고 마는 어머니. 수홍은 분노로 몸을 덜덜 떤다. 그런 그를 차분하게 진정시키려는 강림.

강림   김수홍. 가자. 어머니는 어머니의 인생을 사는 거야.
위병근무자1 구급차!

CUT TO:

쓰러진 어머니를 구급차에 태우고 있는 병사들.

수홍을 묶고 있던 오라가 붉게 달아오른다. 놀란 강림이 수홍을 보자 그의 얼굴은 이미 악귀로 변해가고 있다. 그와 동시에 연병장에 모래바람이 불어오기 시작한다. 마침내 분노가 폭발하며 오라를 끊어 버리는 수홍.

수홍   으아아아아아!
강림   김수홍!

그러나 이미 분노가 최대치에 오른 수홍은 강림을 한 손으로 잡고 던져 버린다. 유류창고에 내동댕이쳐지는 강림.

CUT TO:

뒤늦게 유류창고의 잔해 속에서 몸을 일으킨 강림. 거대화된 수홍이 군부대를 박살 내는 광경을 본다. 수홍을 둘러싼 모래폭풍을 보고 기겁하는 박 중위.

박 중위   헉… 저게 뭐야, 이 씨… (뒤돌아 달려가며) 대피해!

CUT TO:

점점 더 폭풍이 심해지는 천고사막에서 간신히 앞으로 나아가는 자홍과 덕춘. 해원맥의 모습은 어디 갔는지 보이지 않는다.

덕춘   차사님! 차사님!

CUT TO:

강림은 드럼통들이 날아다니며 폭발을 일으키자 화염에 휩싸이는 병사들을 재빨리 구해 사열대 위로 데려다 놓는다. 사열대 위에서 전체 상황을 살피는 강림의 눈에 어머니가 탄 구급차가 보인다. 위태롭게 흔들리고 있는 구급차 안 어머니의 모습.

CUT TO:

창고로 도주해 트럭을 타고 도주하려던 박 중위가 수홍의 공격에 휩쓸린다. 토네이도와 같은 수홍의 공격에 트럭이 날아오르고 박 중위는 매달린 채 하늘을 날아다닌다. 이 모습을 사열대 위에서 목격하는 강림과 사병들.결국, 버티지 못하고 추락하는 박 중위를 강림이 공중에서 재빨리 낚아챈다.

박 중위   끄아아아!

박 중위를 잡은 채 폭풍에 휩쓸려 날아다니는 강림. 그의 시야에 자신들을 향해 트럭이 날아오는 것이 보인다.

강림   으아아!

결국 트럭에 부딪혀 박 중위를 놓치고 마는 강림. 기절한 채 날아다니는 박 중위에게 수홍의 공격이 적중하려는 순간, 손 쓸 길이 없는 강림이 도움을 요청한다.

강림   해원맥!

그때 강림의 부름을 들은 해원맥이 하늘에서부터 내려와 수홍을 공격한다.

해원맥   으아아아아!

타격을 입은 수홍이 박 중위를 놓친 틈을 타 박 중위를 낚아채 땅으로 착지하는 해원맥.

CUT TO:

99. EXT. 천고사막(천륜지옥). 낮

덕춘을 부축해서 폭풍 속을 걷던 자홍이 갑자기 덕춘을 밀쳐낸다.

자홍   헉!

의아한 덕춘이 자홍을 보자 그의 발밑에서 모래 수렁이 내려앉고 있다. 결국, 모래 수렁에 빠지고 마는 자홍.

덕춘   어?! 안 돼! 안 돼!

덕춘, 달려들어 자홍을 꺼내 보려고 하지만 조금씩 더 깊이 빠져들어 가는 무기력한 자홍.

CUT TO:

군부대, 악귀 수홍이 정신을 잃은 박 중위에게 일격을 가하려는 듯 군용트럭을 들어 올린다. 강림과 해원맥도 눈을 질끈 감는다.

CUT TO:

모든 것을 포기한 듯, 자홍이 덕춘을 바라본다.

덕춘   안 돼! 안 돼…. 안 돼… 안 돼… 안 돼!!

CUT TO:

100. EXT. 군부대 연병장. 아침

덕춘의 비명이 저승과 이승이 맞닿은 차원문을 타고 악귀 수홍에게 까지 전해진다. 행동을 멈춘 악귀 수홍, 위쪽 저승의 상황이 보이는 차원문을 바라본다.

CUT TO:

차원문 안, 모래 수렁에 빠져가며 서서히 소멸해 가는 형… 김자홍 의 모습이 보인다.

CUT TO:

급격했던 모래폭풍의 회전속도가 소강상태를 보인다. 강림, 재빨리 날아올라 모래폭풍의 중심에 있는 수홍 악귀를 마주 본다.

강림 잘 봐둬라, 김수홍! 너와 네 어머니가 기억하는, 네 형의 마지막 모습이다!

악귀 수홍, 강림의 말을 듣고 다시 소멸되는 자홍의 모습을 바라본 다. 그때를 놓치지 않고 강림, 서둘러 오라를 격발시켜 수홍을 포박 한다. 연병장 바닥으로 추락하는 수홍.

수홍   흐억! 으으… 하아…

천고사막, 완전히 모래 속으로 사라진 자홍과 하염없이 땅을 파며 울고 있던 덕춘. 그 뒤에서 거대한 굉음이 울리며 바닥으로부터 천륜지옥이 융기하기 시작한다.

연병장에서 이 광경을 보고 있던 강림과 해원맥.

해원맥   천륜지옥이다.

CUT TO:

101. EXT. 천륜지옥 재판장. 낮

천륜지옥의 압도적인 위용이 드러난다.
모래 밑에 잠겨 있던 자홍, 거친 숨을 토해내며 천륜지옥의 융기와 함께 재판장 피고인석에 자연스럽게 위치된다.

자홍   콜록… 콜록…

CUT TO:

천륜지옥 주변에 묻혀 형을 받고 있던 망자들, 함께 융기되며 오랜 만에 숨을 쉬는지 참았던 숨을 몰아쉰다.

CUT TO:

바로 판결문을 읽으려는 판관1.

판관1   피고 김자홍은!

재판장석에 위엄 있게 선 염라가 판관의 말을 막으며 직접 판결을 읊는다.

염라   피고 김자홍이 자신의 어머니에게 저지른 반인륜적 존속살인 혐의에 대해 천륜지옥의 최종 판결을 시작한다.

덕춘   존경하는 염라대왕님! 변론하겠습니다!

들은 체도 않고 판결문을 읽어 내려가는 염라.

염라   판결문! 피고 김자홍! 유죄!

신이 나는 판관들.

판관2   큭큭큭

염라   피고 김자홍은! 자신을 낳아 주고 길러 준 어머니…
덕춘   피고 김자홍은 그날 이후로!

막무가내로 염라의 말을 막으며 변론하려는 덕춘의 절박한 모습.
덕춘의 위험한 행동에 판관들마저 당황한다. 자홍마저 덕춘에게 고
개를 저으며 조용히 만류한다.
잠시 덕춘을 노려보던 염라가 다시 판결문을 읽는다.

염라   피고 김자홍은! 어머니가 그토록 어려운 현실적 상황 속
         에서도 굴하지 않고, 자식들을 위해 당신의 몸을 다 바
         쳐…

그러나 지지 않고 계속하는 덕춘.

덕춘   피고 김자홍은 그날 이후로! 병든 자신의 어머니와 고시
         공부를 하는 동생을 위해 단 하루도 쉬지 못하고…

마침내 염라가 참지 못하고 호통을 친다.

염라   네 이놈. 이덕추우운!

눈물을 쏟으며 울부짖는 덕춘. 거의 악을 쓰는 수준이다.

덕춘 이 재판은 잘못되었습니다! 어머니는 의식이 없었다구
요! 피해자가 없다구요! 대왕님은 모르시잖아요! 아무
것도 모르시잖아요…

덕춘의 말에 염라는 판결문을 접고 갑갑하다는 듯 명한다.

염라 (깊은 한숨) 흐음… 업경을 띄워라!

CUT TO:

자홍이 베개를 들고 한참을 망설이던 그 순간, 베개 밑의 어머니가
눈을 뜨고 있다. 자신을 만류하는 수홍을 자홍이 때리고 있을 때, 베
개 밑의 어머니가 조용히 눈을 감는다. 그녀의 두 뺨에 눈물이 흘러
내린다.

어린 수홍 형… 하지 말라고! 이게 뭐 하는 거야!

CUT TO:

진실을 알고 모두가 충격에 빠진다. 경악한 자홍은 그 자리에 주저
앉고 만다.

염라 피고 김자홍의 어머니는, 당시 의식이 없었던 것이 아니

라! 자신이 그렇게 죽음을 맞이해야만 남겨진 자식들의
삶이 편안할 수 있음을 아신 게다. 저렇게 다 알고 있었
단 말이다! 알겠느냐!
네 어머니는! 그렇게 가슴에 대못이 박힌 채로 끔찍한
삶을 살아왔다!
그날의 그 기억을! 가슴 속 깊은 곳에다 묻어 두고, 그 잘
난 죄책감 때문에 집을 떠나 돌아오지 않는 네 놈을 기다
리며 말이다!

무릎을 꿇고 절규하는 자홍.

자홍   안 돼… 안 돼… ! 벌을 받겠습니다! 어떤 벌이든 받을
테니!
마지막으로 어머니를 한 번만 보게 해 주십시오!
저는 어머니께 잘못했다는 말씀을 드려야 합니다!

염라   살아서도 못한 일을 죽어서 해 보겠다고… 난 이미 네놈
에게 충분한 시간을 주었다! 무려! 15년이나 말이다!

착잡한 표정의 염라.

염라   판결문을 읽어라.

기뻐하는 판관들.

판관1   에헴!

판관2   으하하하하!

판관1   판! 결! 문! 피고 김자홍은! 죄질이 명확하기에 재판 없
이 바로 판결문을 낭독하는 것으로 한다! 또한! 본 재판
의 결과에 따라 가중 처벌과 함께 변호를 맡은 차사들 역
시 모든 자격을 박탈할 것임을 명백히 한다!

CUT TO:

군부대 연병장, 차원문을 통해 상황을 지켜보던 수홍과 차사들.

해원맥   망했네… 끝났어… 아주 깔끔하게… 수고하셨습니다,
대장.
근데 얜 어떻게 해요? 다시 묻을까? 아, 어떡해. 소멸시
켜?
수홍, 그날의 진실을 자신도 몰랐는지 고개를 떨구고 생
각에 잠긴다.

CUT TO:

계속해서 판결문을 읽어 내려가는 판관1.

판관1   피고 김자홍은! 자신에게 주어진 환경을 문제 삼아 친모를 존속 살해하려는 천륜 대죄를 저질렀으며, 그것도 모자라서…

그때 갑자기 쿵 하는 진동과 함께 재판장이 흔들린다. 당황하는 판관들과 염라.

판관1   그… 그것도… 그것은 뭐… 그것도 모자라… 무려 15년 동안이나 유기에 가까운…

갑자기 수홍의 목소리가 재판장에 울려 퍼진다.

수홍   (V.O.) 엄마…
판관2   엄마?

또다시, '쿠쿵' 좀 더 큰 진동과 함께 소란스러워지는 천륜지옥. 이상한 분위기를 감지한 염라대왕이 주저하고 있는 판관들을 노려본다.

염라   어서 빨리 읽지 못하겠느냐?

겁에 질린 판관1이 엄청난 속도로 판결문을 낭독한다.

판관1   크나큰 상처를 입힌 자신의 어머니를 무려 15년 동안이나 유기에 가까운 방치를 한 천륜 대죄인에 속하는바, 해당 법정은 피고 김자홍을…

그러나 다시 들려오는 수홍의 목소리.

수홍   (V.O.) 엄마… 엄마, 일어나 봐.

무슨 상황인지 다들 어리둥절한 표정, 그때 재판장 한가운데 모래들이 움직이기 시작하더니, 부조의 형태로 어떤 형상을 만들어 낸다.

판관2   현몽이다! 꿈에 나타났어! 강림 이놈이!
판관1   차사 강림은 즉시! 원귀의 현몽을 중단하라! 대왕님! 당장 차사 강림을 호출하시어 그 직위를 박탈하시고…

염라대왕, 말을 끊으며 잠시 두고 보자는 신호를 판관에게 보낸다. 염라를 비롯한 모든 시선이 이승의 상황이 중계되는 업경의 화면으로 고정된다.

CUT TO:

현몽

102. INT. 자홍의 집(현몽). 낮

구급차 안, 눈을 감고 누워 있는 어머니, 수홍의 목소리가 들린다.

DISSOLVE TO:

자홍의 집 안방, 어머니가 힘겹게 눈을 뜨니 눈앞에 수홍이 앉아 있다.

수홍   엄마. 엄마! 엄마 아들 수홍이.

법복을 입은 수홍이 자랑하듯 두 팔을 펼쳐 보인다.

수홍   이거 봐봐. 나 대법관 됐어, 엄마. 기쁘지? 나 멋있어? 옷
           잘 어울리지? 거 봐…
           조용히 미소짓는 어머니에게 수홍이 옆을 가리킨다. 문
           밖에는 같이 법복을 입고 공손한 자세로 강림과 해원맥
           이 서 있다. 가볍게 목례하는 강림과 해원맥이 우스꽝스

럽다.

수홍   엄마, 저기 봐봐. 내 쫄따구들. 엄마.

활짝 웃는 어머니의 얼굴이 행복해 보인다.

수홍   근데 엄마 나 이제… 나 못 만나. 왜냐면… 봐. 나 대법관
       돼서 하늘나라 가. 거기서 나쁜 놈들 심판해 줄 거야 엄
       마, 내가… 그러니까 엄마 나 만난다고 부대 찾아오고 그
       러면 안 돼.
       응, 엄마? 알았지? 아… 알았지, 엄마?
       그리고 있잖아… 엄마… 우리 옛날에…

울먹이는 수홍, 간신히 말을 잇는다.

수홍   엄마 아파가지고 병원에 누워 있을 때… 그때 나 못 먹어
       가지고 영양실조 걸리고, 엄마 아파 가지고 깨어나지도
       못하고… 그때 기억나지? 그때 우리 참 힘들었다? 엄마,
       그치?

어머니도 울먹이기 시작한다. 연신 고개를 끄덕이며 울음을 참는
어머니.

수홍   그래가지구… 형이… 자홍이 이 새끼가… 엄마랑 나랑
       둘 다 죽이려고… 근데 엄마 이거 다 알았다면서? 어? 엄
       마 다 알고 있었다면서? 맞지? 엄마… 그리고 형이 이 새
       끼가…
       이 병신같은 게, 이게 엄마한테 미안해가지고 다시는 집
       에도 못 오고 죽어라고 일해가지고 돈 다 준 거잖아, 엄
       마…
       자홍이 그 병신이 그게 평생, 평생을 그랬다고, 엄마.
       엄마, 엄마랑 나 땜에 평생을… !

울음을 터뜨리는 수홍. 문밖의 해원맥은 목을 꺾으며 울음을 참고
있다.
그때 갑자기 어머니의 목소리가 들린다.

엄마   수홍아…

깜짝 놀라 고개를 드는 수홍.
천륜지옥, 재판장에서 이를 보고 있던 자홍도 놀란다.

엄마   내 새끼…
       너희들은… 아무 잘못 없어.
       모든 게 다, 이 못난 엄마가 잘못한 거야. 알았지, 얘들
       아?

엄마가… 잘못했다.

미안. 미안하다.

수홍을 안아 주는 어머니.

수홍   내 아들… 사랑한다… 자홍아, 수홍아.

수홍   흑흑… 엄마… 엄마… 엄마!

CUT TO:

천륜지옥, 판관들마저도 이 광경에 눈물을 흘린다. 울먹이는 판관2.

판관2   말을 하네?

판관1   꿈속이잖아.

CUT TO:

어린아이처럼 울며 엄마를 꼭 껴안는 수홍.

수홍   엄마… 엄마… 엄마! 엄마…

부둥켜안고 있는 모자.

해원맥, 집중하지 않으려는 듯 목 운동을 하며 시선을 피하고 있고,

그 모습을 뚫어지게 보는 강림의 표정이 깊다.

CUT TO:

103. EXT. 천륜지옥 재판장. 낮

그 모습이 그대로 생중계되는 천륜의 재판장. 자홍, 업경의 한가운 데로 달려 나와 모래로 변하고 있는 어머니의 형상을 어루만진다. 눈물을 흘리며 어머니의 형상을 만져보는 자홍의 옆으로 덕춘이 다 가온다.

자홍   어머니… 어머니…

담담하게 이 광경을 보고 있던 염라가 입을 연다.

염라   이승의 모든 인간은 죄를 짓고 산다.
          그리고 그들 중 아주 일부만이 진정한 용기를 내어 용
          서를 구하고, 그들 중 아주 극소수만이 진심으로 용서를
          받는다.

염라, 판결문을 잠시 바라보다 그대로 찢어 버린다.

염라 저승법 제1조 1항에 의거!

이승의 인간이 이미 진심으로 용서받은 죄를 저승은 더 이상 심판하지 않는다.

이에 본 법정은 피고 김자홍에게 무죄를 선고하며, 김자홍에게 즉시 환생할 것을 명하는 바이다!

덕춘, 염라에게 목례로 감사를 표한다. 고개를 끄덕이며 받아들이는 염라.

자홍의 주변을 환한 빛이 감싼다. 천천히 열리는 환생문. 자리에서 일어난 자홍이 상황을 인지하고 덕춘을 바라본다. 정중히 인사하는 자홍.

자홍 고맙습니다. 차사님.

덕춘, 자홍에게 엄지손가락을 치켜세워 보인다. 그리고 천천히 빛으로 사라져 가는 자홍.

CUT TO:

104. EXT. 군부대 연병장. 낮

뒷수습으로 분주한 연병장. 어머니를 태운 구급차가 출발한다.

수홍   가! 엄마!

멀리 사라져 가는 구급차를 배경으로 군부대 연병장에 서 있는 차
사들과 수홍.

해원맥   이제 어떡한대요, 이 상황을?
강림   뭘 어떻게 해? 데리고 올라가 있어.
해원맥   누굴?

강림이 고갯짓으로 수홍을 가리킨다. 어처구니없어하는 해원맥에
게 적패지를 들어 보이는 강림. 수홍의 적패지에 '귀인'이라고 새겨
진 글자가 보인다.

해원맥   또 귀인. 아니 쟤 원귀에요. 원귀가 무슨 정의로운 사람
         이에요? 그거 잘못된 거야, 오류야. 오류!
강림   과연 그럴까?
해원맥   아니, 그리고 원귀는 초군문 자체가 입장 불가에요, 몰라
         요?
강림   몰라요? 넌 이렇게 된지 몰라서 다 뒤집어질 때까지 구

경만 하다가 이렇게 늦게 내려온 거야? 필요 없을 땐 그
렇게 뻗질나게 내려와서 사람 괴롭히더니…

강림, 분주히 사고를 수습하는 군인들과 각종 중장비를 가리킨다.

해원맥 누가? 언제 내려왔어요? 이번엔 불러서 내려온 거잖아
       요. 부탁한다며, 함부로 행동하지 말라고!

무슨 소리냐는 해원맥의 표정에 강림도 의아하다.

강림   뭐?
해원맥 아니… 해원매액! 하고 대장이 불렀잖아요.

불현듯 강림의 뇌리에 몇몇 순간들이 스쳐 지나간다.

해원맥 (V.O.) 이승에 손대는 게 아주 습관이 되셨네… 아니 김수
       홍 여기에 묻혔다 알려 주시려고?

CUT TO:

수홍의 무덤가, 화염을 격발하던 해원맥의 모습. 그의 모습이 염라
로 바뀐다.

해원맥   지금 저승법을 어기는 겁니까?
염 라   지금 저승법을 어기는 겁니까?

CUT TO:

짜증이 가득한 해원맥의 얼굴.

해원맥   아! 아무튼 초군문은 못 가요!

강림, 얼굴에 뭔가를 느꼈다는 미소가 감돈다.

강 림   갈 필요 없어, 초군문. 천륜지옥 앞에 가 있어. 염라가
         있는…

뒤돌아서 어디론가 가 버리는 강림. 수홍과 해원맥만 멍청히 남아
서 있다.

해원맥   아휴…
수 홍   나 지옥 가는 거예요? 그런 말 없었는데…

천진난만한 수홍의 질문에 어처구니없어하는 해원맥.

해원맥   참… 피곤하네.

CUT TO:

105. INT. 병원 회복실. 낮

안정을 취하고 있는 어머니가 TV를 보고 있다. 위문을 온 듯 현동이가 놀고 있다.

뉴스 앵커 예, 어제 강원도 철원에서 발생한 무시무시한 용오름. 우리나라에서 쉽게 볼 수 있는 모습이 아니었는데요, 그동안 도서 지역에서는 발생한 적이 있는데. 이렇게 내륙에서 발생한 적은 이번이 처음입니다.
다행히도 인명 피해는 크지 않은 것으로 확인됐는데요, 인근 군부대의 재산 피해가 다소 컸던 것으로… 확인됐습니다. 전문가들은 앞으로도 내륙에 이러한 현상이 자주 일어날 수 있다고 경고하고 있어서, 각별한 주의가 필요할 것 같습니다.

제보 영상 소리 야! 저거 봐, 회오리! 회오리! 엄청 커? 지금 차 날아다니는 거야?

병실에 택배기사 한 명이 들어 와 전기밥솥 박스를 놓고 간다. 강림이다.

강림　　택배입니다.

신기한 듯 박스에 쓰인 문구를 읽는 현동이.

현동　　구… 수… 함… 누… 루… 지… 접기… 밥… 소쓰로…
　　　　　간편… 하… 게?

CUT TO:

복도를 걷는 택배기사, 모자를 벗으면 강림이다. 곧 모습을 차사로
바꾸는 강림. 그런 강림과 마주치는 현동 할아버지, 멈칫 돌아서서
병원을 빠져나가는 강림을 한동안 바라본다.

CUT TO:

106. INT/EXT. 자홍의 집(편지 몽타주). 낮/밤

집으로 돌아온 어머니가 누룽지가 잘 만들어지는 전기밥솥 안에서
편지를 꺼내 천천히 펼쳐 본다.

편지를 읽기 시작하는 어머니.

자홍　　(V.O.) 어머니, 큰아들 자홍이에요.

　　　　어머니 건강이 회복되셔서 잘 지내고 계신다는 소식에,
　　　　전 요새 너무 행복… (중략)

　　　　어머니, 이전에 보내드렸던 모든 편지는 어머니를 안심
　　　　시키려 제가 거짓말을 했던 거예요.

　　　　전 사실 결혼을 못 했어요. 어머니처럼 맛있는 누룽지를
　　　　잘 끓여 주는 아내도, 저를 쏙 빼닮은 씩씩한 아들이 있
　　　　다는 것도, 모두 거짓말이었습니다… (중략)

　　　　어머니, 더 늦기 전에 전 이제 어머니 곁으로 돌아가겠습
　　　　니다.

편지를 읽으며 미소를 짓기도, 눈물이 흐르기도 하는 어머니. 그 위
로 강림의 목소리가 흐른다.

강림　　(V.O.) 김자홍 씨의 마지막 편지는 결국 그의 어머니에게
　　　　전해졌다. 거짓이 아닌 진실을 담았다는 그 편지에, 무엇
　　　　이 쓰여 있는지 난 알지 못한다. 물론 궁금하지도 않았
　　　　다. 염라의 말처럼 살아서 못한 일을 죽어서 해 보겠다는
　　　　수많은 망자 중 하나일 뿐이니까.

　　　　내가 진짜 궁금한 건, 이승에 개입해선 안 된다는 차사의
　　　　불문율을 어긴 나에게 왜… 아무런 경고도 내려지지 않

는 것인지,

왜 염라가 이승에 내려와 날 시험하려 했는지, 반드시 물어봐야겠다.

마치 누군가의 시점처럼 카메라가 서서히 뒤로 빠지면, 햇볕이 드는 창가에 놓인 자홍의 죽은 화분, 그 화분에서 어느새 예쁜 꽃 하나가 피어 편지를 읽고 있는 어머니를 지켜보는 것 같다.

CUT TO:

107. EXT. 천고사막(천륜지옥). 낮

귀왕대들이 무기를 들고 앞쪽을 노려보고 있다.

사슬인간 차사들은 들어라! 원귀의 저승 입장은 금지됐다! 거듭 경고한다! 당장 돌아가지 않으면 염라대왕님의 명에 따라! 반란으로 간주할 것이다! 경고한다!

CUT TO:

반대편에서는 강림을 필두로 해원맥과 덕춘, 군복 차림의 수홍을 보호하고 있다.

강림   염라대왕을 만나러 왔다! 길을 비키지 않으면, 모두 소멸
                     될 것이다!

해원맥   대장 진짜 미친 거 아니냐?

덕춘   다 생각이 있으실 거예요. 속이 깊으신 분이니까…

해원맥   그래. 그 속이 너무 깊지. 너무 깊어 가지고 도대체 무슨
                     생각을 하는지 알 수가 없다니까.

다시 일행에게 걸어오는 강림.

강림   망자 김수홍은… 우리의 마흔아홉 번째… 귀인이 될 것
                     이다. 우리의 환생을 위한.

수홍   나? 내가?

해원맥   아냐… 흐으으응…

강림   가자, 해원맥!

사인검을 뽑고 앞으로 달려나가는 강림. 해원맥은 망연자실하게 그
모습을 바라본다. 마지 못해 삼인창을 뽑아 드는 해원맥.

해원맥   갔다 올게. 이 씨…

차사들과 저승의 귀왕대가 맞붙기 시작하는 순간 엔드 타이틀이 떠

오른다.

108. 엔드 타이틀

신과함께: 죄와 벌

109. 쿠키영상. INT. 현동이네 집. 밤

현동이네 집 안방. 자는 허춘삼 할아버지 앞에 세 명의 저승차사가
도착해 있다.

여자 저승차사   허!춘!삼! 허!춘!삼! 허… !

순간, 인기척을 느끼고 뒤를 돌아보는 세 차사. 뒤에는 우락부락한
성주신이 팔짱을 낀 채 차사들을 노려보고 있다.

대장 저승차사   네가… 골칫덩어리 성주신이냐?

씨익 웃는 성주신.

대장 처승차사　　하! 새끼 저거 귀엽게 생겼는데… 응? 왜 그렇게
　　　　　　　　　말썽을 피워?

그 말을 듣고 무시무시하게 변하는 성주신의 얼굴.

END

신과함께
죄와 벌

초판 1쇄 인쇄 2018년 10월 24일
초판 1쇄 발행 2018년 10월 31일

지은이 김용화
펴낸이 김선식

경영총괄 김은영
책임편집 이호빈 **디자인** 김누 **책임마케터** 최혜령, 이유진, 박태준
콘텐츠개발5팀장 이호빈 **콘텐츠개발5팀** 봉선미, 양예주, 김누
마케팅본부 이주화, 정명찬, 최혜령, 이고은, 양서연, 이유진, 박태준, 김은지, 배시영, 기명리
전략기획팀 김상윤
저작권팀 최하나, 추숙영
경영관리팀 허대우, 임해랑, 권송이, 김재경, 손영은, 한유현
외주스태프 박은정

펴낸곳 다산북스 **출판등록** 2005년 12월 23일 제313-2005-00277호
주소 경기도 파주시 회동길 357, 3층
전화 02-704-1724
팩스 02-703-2219 **이메일** dasanbooks@dasanbooks.com
홈페이지 www.dasanbooks.com **블로그** blog.naver.com/dasan_books
종이 (주)한솔피앤에스 **출력·인쇄** (주)민언프린텍

ISBN 979-11-306-1940-8 (14680)
　세트 979-11-306-1939-2 (14680)

다산북스(DASANBOOKS)는 독자 여러분의 책에 관한 아이디어와 원고 투고를 기쁜 마음으로 기다리고 있습니다.
책 출간을 원하는 아이디어가 있으신 분은 이메일 dasanbooks@dasanbooks.com 또는 다산북스 홈페이지
'투고원고'란으로 간단한 개요와 취지, 연락처 등을 보내주세요. 머뭇거리지 말고 문을 두드리세요.